GRöLS Verlage

„BÜCHER SIND WIE FALLSCHIRME. SIE NÜTZEN UNS NICHTS, WENN WIR SIE NICHT ÖFFNEN."

Gröls Verlag

Redaktionelle Hinweise und Impressum

Das vorliegende Werk wurde zugunsten der Authentizität sehr zurückhaltend bearbeitet. So wurden etwa ursprüngliche Rechtschreibfehler *nicht* systematisch behoben, denn kleine Unvollkommenheiten machen das Buch – wie im Übrigen den Menschen – erst authentisch. Mitunter wurden jedoch zum Beispiel Absätze behutsam neu getrennt, um den Lesefluss zu erleichtern.

Um die Texte zu rekonstruieren, werden antiquarische Bücher von Lesegeräten gescannt und dann durch eine Software lesbar gemacht. Der so entstandene Text wird von Menschen gegengelesen und korrigiert – hierbei treten auch Fehler auf. Wenn Sie ebenfalls antiquarische Texte einreichen möchten, finden Sie weitere Informationen auf www.groels.de

Viel Freude bei der Lektüre wünscht Ihnen das Team des Gröls-Verlags.

Adressen

Verleger: Sophia Gröls, Im Borngrund 26, 61440 Oberursel

Externer Dienstleister für Distribution & Herstellung: BoD, In de Tarpen 42, 22848 Norderstedt

Unsere „Edition | Werke der Weltliteratur“ hat den Anspruch, eine der größten und vollständigsten Sammlungen klassischer Literatur in deutscher Sprache zu sein. Nach und nach versammeln wir hier nicht nur die „üblichen Verdächtigen“ von Goethe bis Schiller, sondern auch Kleinode der vergangenen Jahrhunderte, die – zu Unrecht – drohen, in Vergessenheit zu geraten. Wir kultivieren und kuratieren damit einen der wertvollsten Bereiche der abendländischen Kultur. Kleine Auswahl:

Francis Bacon • Neues Organon • **Balzac** • Glanz und Elend der Kurtisanen • **Joachim H. Campe** • Robinson der Jüngere • **Dante Alighieri** • Die Göttliche Komödie • **Daniel Defoe** • Robinson Crusoe • **Charles Dickens** • Oliver Twist • **Denis Diderot** • Jacques der Fatalist • **Fjodor Dostojewski** • Schuld und Sühne • **Arthur Conan Doyle** • Der Hund von Baskerville • **Marie von Ebner-Eschenbach** • Das Gemeindekind • **Elisabeth von Österreich** • Das Poetische Tagebuch • **Friedrich Engels** • Die Lage der arbeitenden Klasse • **Ludwig Feuerbach** • Das Wesen des Christentums • **Johann G. Fichte** • Reden an die deutsche Nation • **Fitzgerald** • Zärtlich ist die Nacht • **Flaubert** • Madame Bovary • **Gorch Fock** • Seefahrt ist not! • **Theodor Fontane** • Effi Briest • **Robert Musil** • Über die Dummheit • **Edgar Wallace** • Der Frosch mit der Maske • **Jakob Wassermann** • Der Fall Maurizius • **Oscar Wilde** • Das Bildnis des Dorian Grey • **Émile Zola** • Germinal • **Stefan Zweig** • Schachnovelle • **Hugo von Hofmannsthal** • Der Tor und der Tod • **Anton Tschechow** • Ein Heiratsantrag • **Arthur Schnitzler** • Reigen • **Friedrich Schiller** • Kabale und Liebe • **Nicolo Machiavelli** • Der Fürst • **Gotthold E. Lessing** • Nathan der Weise • **Augustinus** • Die Bekenntnisse des heiligen Augustinus • **Marcus Aurelius** • Selbstbetrachtungen • **Charles Baudelaire** • Die Blumen des Bösen • **Harriett Stowe** • Onkel Toms Hütte • **Walter Benjamin** • Deutsche Menschen • **Hugo Bettauer** • Die Stadt ohne Juden • **Lewis Caroll** • *und viele mehr….*

Heinrich von Kleist

Die Hermannsschlacht

Ein Drama

Inhalt

Personen

Hermann, *Fürst der Cherusker*

Thusnelda, *seine Gemahlin*

Rinold *und* **Adelhart**, *seine Knaben*

Eginhardt, *sein Rat*

Luitgar, Astolf *und* **Winfried**, *dessen Söhne, seine Hauptleute*

Egbert, *ein andrer cheruskischer Anführer*

Gertrud *und* **Bertha**, *Frauen der Thusnelda*

Marbod, *Fürst der Sueven, Verbündeter des Hermann*

Attarin, *sein Rat*

Komar, *ein suevischer Hauptmann,*
Wolf, *Fürst der Katten,*
Thuiskomar, *Fürst der Sicambrier,*
Dagobert, *Fürst der Marsen, und*
Selgar, *Fürst der Brukterer, Mißvergnügte*

Fust, *Fürst der Cimbern,*
Gueltar, *Fürst der Nervier, und*
Aristan, *Fürst der Ubier, Verbündete des Varus*

Quintilius Varus , *römischer Feldherr*

Ventidius, *Legat von Rom*

Scäpio, *sein Geheimschreiber*

Septimius *und* **Crassus**, *römische Anführer*

Teuthold, *ein Waffenschmied*

Childerich, *ein Zwingerwärter*

Eine Alraune

Zwei Ältesten von Teutoburg

Drei cheruskische Hauptleute

Drei cheruskische Boten

Feldherrn. Hauptleute. Krieger. Volk.

Erster Akt

Szene: Gegend im Wald, mit einer Jagdhütte.

Erster Auftritt

Wolf, Fürst der Katten, Thuiskomar, Fürst der Sicambrier, Dagobert, Fürst der Marsen, Selgar, Fürst der Brukterer, und andere treten, mit Pfeil und Bogen, auf.

Wolf *(indem. er sich auf dem Boden wirft).*
Es ist umsonst, Thuskar, wir sind verloren!
Rom, dieser Riese, der, das Mittelmeer beschreitend,
Gleich dem Koloß von Rhodus, trotzig,
Den Fuß auf Ost und Westen setzet,
Des Parthers mutgen Nacken hier,
Und dort den tapfern Gallier niedertretend:
Er wirft auch jetzt uns Deutsche in den Staub.
Gueltar, der Nervier, und Fust, der Fürst der Cimbern,
Erlagen dem Augustus schon;
Holm auch, der Friese, wehrt sich nur noch sterbend;
Aristan hat, der Ubier,
Der ungroßmütigste von allen deutschen Fürsten,
In Varus' Arme treulos sich geworfen;
Und Hermann, der Cherusker, endlich,
Zu dem wir als dem letzten Pfeiler, uns,
Im allgemeinen Sturz Germanias, geflüchtet,
Ihr seht es, Freunde, wie er uns verhöhnt:
Statt die Legionen mutig aufzusuchen,
In seine Forsten spielend führt er uns,
Und läßt den Hirsch uns und den Ur besiegen.

Thuiskomar *(zu Dagobert und Selgar, die im Hintergrund auf und nieder gehen).*
Er muß hier diese Briefe lesen!
– Ich bitt euch, meine Freunde, wanket nicht,
Bis die Verräterei des Varus ihm eröffnet.
Ein förmlicher Vertrag ward jüngst,
Geschlossen zwischen mir und ihm:
Wenn ich dem Fürsten mich der Friesen nicht verbände,

So solle dem August mein Erbland heilig sein;
Und hier, seht diesen Brief, ihr Herrn,
Mein Erbland ist von Römern überflutet.
Der Krieg, so schreibt der falsche Schelm,
In welchem er mit Holm, dem Friesen, liege,
Erfordere, daß ihm Sicambrien sich öffne:
Und meine Freundschaft für Augustus laß ihn hoffen,
Ich werd ihm diesen dreisten Schritt,
Den Not ihm dringend abgepreßt, verzeihn.
Laßt Hermann, wenn er kömmt, den Gaunerstreich uns melden:
So kommt gewiß, Freund Dagobert,
Freund Selgar, noch der Bund zustande,
Um dessenthalb wir hier bei ihm versammelt sind.

Dagobert.
Freund Thuiskomar! Ob *ich* dem Bündnis mich,
Das diese Fremdlinge aus Deutschland soll verjagen,
Anschließen werd, ob nicht: darüber, weißt du,
Entscheidet hier ein Wort aus Selgars Munde!
Augustus trägt, Roms Kaiser, mir,
Wenn ich mich seiner Sache will vermählen,
Das ganze, jüngst dem Ariovist entrißne,
Reich der Narisker an –

(Wolf und Thuiskomar machen eine Bewegung.)

Nichts! Nichts! Was fahrt ihr auf? Ich will es nicht!
Dem Vaterlande bleib ich treu,
Ich schlag es aus, ich bin bereit dazu.
Doch der hier, Selgar, soll, der Fürst der Brukterer,
Den Strich mir, der mein Eigentum,
An dem Gestad der Lippe überlassen;
Wir lagen längst im Streit darum.
Und wenn er mir Gerechtigkeit verweigert,
Selbst jetzt noch, da er meiner Großmut braucht,
So werd ich mich in euren Krieg nicht mischen.

Selgar.
Dein Eigentum! Sieh da! Mit welchem Rechte

Nennst du, was mir verpfändet, dein,
Bevor das Pfand, das Horst, mein Ahnherr, zahlte,
An seinen Enkel du zurückgezahlt?
Ist jetzt der würdge Augenblick,
Zur Sprache solche Zwistigkeit zu bringen?
Eh ich, Unedelmütgem, dir
Den Strich am Lippgestade überlasse,
Eh will an Augusts Heere ich
Mein ganzes Reich, mit Haus und Hof verlieren!

Thuiskomar *(dazwischen tretend).*
O meine Freunde!

Ein Fürst *(ebenso).* Selgar! Dagobert!

(Man hört Hörner in der Ferne.)

Ein Cherusker *(tritt auf).*
Hermann, der Fürst, kommt!

Thuiskomar. Laßt den Strich, ich bitt euch,
Ruhn, an der Lippe, bis entschieden ist,
Wem das gesamte Reich Germaniens gehört!

Wolf *(indem er sich erhebt).*
Da hast du recht! Es bricht der Wolf, o Deutschland,
In deine Hürde ein, und deine Hirten streiten
Um eine Handvoll Wolle sich.

Zweiter Auftritt

Thusnelda, den Ventidius aufführend. Ihr folgt Hermann, Scäpio, ein Gefolge von Jägern und ein leerer römischer Wagen mit vier breitgespannten weißen Rossen.

Thusnelda.
Heil dem Ventidius Carbo! Römerritter!
Dem kühnen Sieger des gehörnten Urs!

Das Gefolge.
Heil! Heil!

Thuiskomar.
Was! Habt ihr ihn?

Hermann. Hier, seht, ihr Freunde!
Man schleppt ihn bei den Hörnern schon herbei!

(Der erlegte Auerochs wird herangeschleppt.)

Ventidius.
Ihr deutschen Herrn, der Ruhm gehört nicht mir!
Er kommt Thusnelden, Hermanns Gattin,
Kommt der erhabenen Cheruskerfürstin zu!
Ihr Pfeil, auf mehr denn hundert Schritte,
Warf mit der Macht des Donnerkeils ihn nieder,
Und, Sieg! rief, wem ein Odem ward;
Der Ur hob plötzlich nur, mit pfeildurchbohrtem Nacken
Noch einmal sich vom Sand empor:
Da kreuzt ich seinen Nacken durch noch einen.

Thusnelda.
Du häufst, Ventidius, Siegsruhm auf die Scheitel,
Die du davon entkleiden willst.
Das Tier schoß, von dem Pfeil gereizt, den ich entsendet,
Mit wuterfüllten Sätzen auf mich ein,
Und schon verloren glaubt ich mich;
Da half dein beßrer Schuß dem meinen nach,
Und warf es völlig leblos vor mir nieder.

Scäpio.
Bei allen Helden des Homers!
Dir ward ein Herz von par'schem Marmel, Fürstin!
Des Todes Nacht schlug über mich zusammen,
Als es gekrümmt, mit auf die Brust
Gesetzten Hörnern, auf dich ein,
Das rachentflammte Untier, wetterte:
Und du, du wichst, du wanktest nicht – was sag ich?
Sorg überflog, mit keiner Wolke,
Den heitern Himmel deines Angesichts!

Thusnelda *(mutwillig)*.
Was sollt ich fürchten, Scäpio,
So lang Ventidius mir zur Seite stand.

Ventidius.
Du warst des Todes gleichwohl, wenn ich fehlte.

Wolf *(finster).*
– Stand sie im Freien, als sie schoß?

Ventidius. Die Fürstin?

Scäpio.
Nein – hier im Wald. Warum?

Ventidius. Ganz in der Nähe,
Wo kreuzend durch die Forst die Wildbahn bricht.

Wolf *(lachend).*
Nun denn, beim Himmel –!

Thuiskomar. Wenn sie im Walde stand –

Wolf.
Ein Auerochs ist keine Katze,
Und geht, soviel bekannt mir, auf die Wipfel
Der Pinien und Eichen nicht.

Hermann *(abbrechend).*
Kurz, Heil ruf ich Ventidius noch einmal,
Des Urs, des hornbewehrten, Sieger,
Und der Thusnelda Retter obenein!

Thusnelda *(zu Hermann).*
Vergönnst du mein Gebieter mir,
Nach Teutoburg nunmehr zurückzukehren?
(Sie gibt den Pfeil und Bogen weg.)

Hermann *(wendet sich).*
Holla! Die Pferd!

Ventidius *(halblaut, zu Thusnelden).*
Wie, Göttliche, du willst –?

(Sie sprechen heimlich zusammen.)

Thuiskomar *(die Pferde betrachtend).*
Schau, die Quadriga, die August dir schenkte?

Selgar.
Die Pferd aus Rom?

Hermann *(zerstreut).* Aus Rom, beim Jupiter!
Ein Zug, wie der Pelid ihn nicht geführt!

Ventidius *(zu Thusnelda).*
Darf ich in Teutoburg –?

Thusnelda. Ich bitte dich.

Hermann.
Ventidius Carbo! Willst du sie begleiten?

Ventidius.
Mein Fürst! Du machst zum Sel'gen mich –
(Er gibt Pfeil und Bogen gleichfalls weg; offiziös.)
Wann wohl vergönnst du,
Vor deinem Thron, o Herr, in Ehrfurcht
Dir eine Botschaft des Augustus zu entdecken?

Hermann.
Wenn du begehrst, Ventidius!

Ventidius. So werd ich
Dir mit der nächsten Sonne Strahl erscheinen.

Hermann.
Auf denn! – Ein Roß dem Scäpio, ihr Jäger!
– Gib deine Hand, Thusnelda, mir!

(Er hebt, mit Ventidius, Thusnelda in den Wagen; Ventidius folgt ihr.)

Thusnelda *(sich aus dem Wagen herausbeugend).*
Ihr Herrn, wir sehn uns an der Tafel doch?

Hermann *(zu den Fürsten).*
Wolf! Selgar! Redet!

Die Fürsten. Zu deinem Dienst, Erlauchte!
Wir werden gleich nach dem Gezelt dir folgen.

Hermann.
Wohlauf, ihr Jäger! Laßt das Horn dann schmettern,
Und bringt sie im Triumph nach Teutoburg!

(Der Wagen fährt ab; Hörnermusik.)

Dritter Auftritt

Hermann, Wolf, Thuiskomar, Dagobert und Selgar lassen sich, auf eine Rasenbank, um einen steinernen Tisch nieder, der vor der Jagdhütte steht.

Hermann.
Setzt euch, ihr Freunde! Laßt den Becher
Zur Letzung jetzt der müden Glieder kreisen!
Das Jagen selbst ist weniger das Fest,
Als dieser heitre Augenblick,
Mit welchem sich das Fest der Jagd beschließet!

(Knaben bedienen ihn mit Wein.)

Wolf.
O könnten wir, beim Mahle, bald
Ein andres größres Siegsfest selig feiern!
Wie durch den Hals des Urs Thusneldens sichre Hand
Den Pfeil gejagt: o Hermann! könnten wir
Des Krieges ehrnen Bogen spannen,
Und, mit vereinter Kraft, den Pfeil der Schlacht zerschmetternd
So durch den Nacken hin des Römerheeres jagen,
Das in den Feldern Deutschlands aufgepflanzt!

Thuiskomar.
Hast du gehört, was mir geschehn?
Daß Varus treulos den Vertrag gebrochen,
Und mir Sicambrien mit Römern überschwemmt?
Sieh, Holm, der Friesen wackern Fürsten,
Der durch das engste Band der Freundschaft mir verbunden:
Als jüngst die Rach Augustus' auf ihn fiel,
Mir die Legionen fern zu halten,
Gab ich der Rach ihn des Augustus preis.
So lang an dem Gestad der Ems der Krieg nun wütet,

Mit keinem Wort, ich schwörs, mit keinem Blick,
Bin ich zu Hülfe ihm geeilt;
Ich hütet, in Calpurns, des Römerboten, Nähe,
Die Mienen, Hermann, die sich traurend
Auf des verlornen Schwagers Seite stellten:
Und jetzt – noch um den Lohn seh ich
Mich der fluchwürdigen Feigherzigkeit betrogen:
Varus führt die Legionen mir ins Land,
Und gleich, als wär ich Augusts Feind,
Wird es jedwedem Greul des Krieges preisgegeben.

Hermann.
Ich hab davon gehört, Thuiskar.
Ich sprach den Boten, der die Nachricht
Dir eben aus Sicambrien gebracht.

Thuiskomar.
Was nun – was wird für dich davon die Folge sein?
Marbod, der herrschensgierge Suevenfürst,
Der, fern von den Sudeten kommend,
Die Oder rechts und links die Donau überschwemmt,
Und seinem Szepter (so erklärt er)
Ganz Deutschland siegreich unterwerfen will:
Am Weserstrom, im Osten deiner Staaten,
Mit einem Heere steht er da,
Und den Tribut hat er dir abgefordert.
Du weißt, wie oft dir Varus schon
Zu Hülfe schelmisch die Kohorten bot.
Nur allzuklar ließ er die Absicht sehn,
Den Adler auch im Land Cheruskas aufzupflanzen;
Den schlausten Wendungen der Staatskunst nur
Gelang es, bis auf diesen Tag,
Dir den bösartgen Gast entfernt zu halten.
Nun ist er bis zur Lippe vorgerückt;
Nun steht er, mit drei Legionen,
In deines Landes Westen drohend da;
Nun mußt du, wenn er es in Augusts Namen fordert,

Ihm deiner Plätze Tore öffnen:
Du hast nicht mehr die Macht, es ihm zu wehren.

Hermann.
Gewiß. Da siehst du richtig. Meine Lage
Ist in der Tat bedrängter als jemals.

Thuiskomar.
Beim Himmel, wenn du schnell nicht hilfst,
Die Lage eines ganz Verlornen!
– Daß *ich*, mein wackrer Freund, dich in dies Irrsal stürzte,
Durch Schritte, wenig klug und überlegt,
Gewiß, ich fühls mit Schmerz, im Innersten der Brust.
Ich hätte nimmer, fühl ich, Frieden
Mit diesen Kindern des Betruges schließen,
Und diesen Varus, gleich dem Wolf der Wüste,
In einem ewgen Streit, bekriegen sollen.
– Das aber ist geschehn, und wenig frommt, du weißt,
In das Vergangene sich reuig zu versenken.
Was wirst du, fragt sich, nun darauf beschließen?

Hermann.
Ja! Freund! Davon kann kaum die Red noch sein.
Nach allem, was geschehn, find ich
Läuft nun mein Vorteil ziemlich mit des Varus,
Und wenn er noch darauf besteht,
So nehm ich ihn in meinen Grenzen auf.

Thuiskomar *(erstaunt)*.
Du nimmst ihn – was?

Dagobert. In deines Landes Grenze? –

Selgar.
Wenn Varus drauf besteht, du nimmst ihn auf?

Thuiskomar.
Du Rasender! Hast du auch überlegt? –

Dagobert.
Warum?

Selgar. Weshalb, sag an?

Dagobert. Zu welchem Zweck?

Hermann.
– Mich gegen Marbod zu beschützen,
Der den Tribut mir trotzig abgefordert.

Thuiskomar.
Dich gegen Marbod zu beschützen!
Und du weißt nicht, Unseliger, daß er
Den Marbod schelmisch gegen dich erregt,
Daß er mit Geld und Waffen heimlich
Ihn unterstützt, ja, daß er Feldherrn
Ihm zugesandt, die in der Kunst ihn tückisch,
Dich aus dem Feld zu schlagen, unterrichten?

Hermann.
Ihr Freund, ich bitt euch, kümmert euch
Um meine Wohlfahrt nicht! Bei Wodan, meinem hohen Herrn!
So weit im Kreise mir der Welt
Das Heer der munteren Gedanken reichet,
Erstreb ich und bezweck ich nichts,
Als jenem Römerkaiser zu erliegen.
Das aber möcht ich gern mit Ruhm, ihr Brüder,
Wies einem deutschen Fürsten ziemt:
Und *daß* ich das vermög, im ganzen vollen Maße,
Wie sichs die freie Seele glorreich denkt –
Will ich allein stehn, und mit euch mich –
– Die manch ein andrer Wunsch zur Seite lockend zieht, –
In dieser wichtgen Sache nicht verbinden.

Dagobert.
Nun, bei den Nornen! Wenn du sonst nichts willst,
Als dem August erliegen –?! *(Er lacht.)*

Selgar. – Man kann nicht sagen,
Daß hoch Arminius das Ziel sich stecket!

Hermann. So! –
Ihr würdet beide euren Witz vergebens

Zusammenlegen, dieses Ziel,
Das vor der Stirn euch dünket, zu erreichen.
Denn setzt einmal, ihr Herrn, ihr stündet
(Wohin ihr es im Lauf der Ewigkeit nicht bringt)
Dem Varus kampfverbunden gegenüber;
Im Grund morastger Täler er,
Auf Gipfeln waldbekränzter Felsen ihr:
So dürft er dir nur, Dagobert,
Selgar, dein Lippgestad verbindlich schenken:
Bei den fuchshaarigen Alraunen, seht,
Den Römer laßt ihr beid im Stich,
Und fallt euch, wie zwei Spinnen, selber an.

Wolf *(einlenkend).*
Du hältst nicht eben hoch im Wert uns, Vetter!
Es scheint, das Bündnis nicht sowohl,
Als die Verbündeten mißfallen dir.

Hermann.
Verzeiht! – Ich nenn euch meine wackern Freunde,
Und will mit diesem Wort, das glaubt mir, mehr, als euren
Verletzten Busen höflich bloß versöhnen.
Die Zeit stellt, heißen Drangs voll, die Gemüter
Auf eine schwere Prob; und manchen kenn ich besser,
Als er in diesem Augenblick sich zeigt.
Wollt ich auf Erden irgend was *erringen*,
Ich würde glücklich sein, könnt ich mit Männern mich,
Wie hier um mich versammelt sind, verbinden;
Jedoch, weil alles zu *verlieren* bloß
Die Absicht ist – so läßt, begreift ihr,
Solch ein Entschluß nicht wohl ein Bündnis zu:
Allein muß ich, in solchem Kriege, stehn,
Verknüpft mit niemand, als nur meinem Gott.

Thuiskomar.
Vergib mir, Freund, man sieht nicht ein,
Warum notwendig wir erliegen sollen;
Warum es soll unmöglich ganz,

Undenkbar sein (wenn es auch schwer gleich sein mag),
Falls wir nur sonst vereint, nach alter Sitte, wären,
Den Adler Roms, in einer muntern Schlacht,
Aus unserm deutschen Land hinwegzujagen.

Hermann.
Nein, nein! Das eben ists! Der Wahn, Thuiskar,
Der stürzt just rettungslos euch ins Verderben hin!
Ganz Deutschland ist verloren schon,
Dir der Sicambern Thron, der Thron der Katten dir,
Der Marsen dem, mir der Cherusker,
Und auch der Erb, bei Hertha! schon benannt:
Es gilt nur bloß noch jetzt, sie abzutreten.
Wie wollt ihr doch, ihr Herrn, mit diesem Heer des Varus
Euch messen – an eines Haufens Spitze,
Zusammen aus den Waldungen gelaufen,
Mit der Kohorte, der gegliederten,
Die, wo sie geht und steht, des Geistes sich erfreut?
Was habt ihr, sagt doch selbst, das Vaterland zu schirmen,
Als nur die nackte Brust allein,
Und euren Morgenstern; indessen jene dort
Gerüstet mit der ehrnen Waffe kommen,
Die ganze Kunst des Kriegs entfaltend,
In den vier Himmelsstrichen ausgelernt?
Nein, Freunde, so gewiß der Bär dem schlanken Löwen
Im Kampf erliegt, so sicherlich
Erliegt ihr, in der Feldschlacht, diesen Römern.

Wolf.
Es scheint, du hältst dies Volk des fruchtumblühten Latiens
Für ein Geschlecht von höhrer Art,
Bestimmt, uns roh're Kauze zu beherrschen?

Hermann.
Hm! In gewissem Sinne sag ich: ja.
Ich glaub, der Deutsch' erfreut sich einer größern
Anlage, der Italier doch hat seine mindre
In diesem Augenblicke mehr entwickelt.

Wenn sich der Barden Lied erfüllt,
Und, unter *einem* Königsszepter,
Jemals die ganze Menschheit sich vereint,
So läßt, daß es ein Deutscher führt, sich denken,
Ein Britt', ein Gallier, oder wer ihr wollt;
Doch nimmer jener Latier, beim Himmel!
Der keine andre Volksnatur
Verstehen kann und ehren, als nur seine.
Dazu am Schluß der Ding auch kommt es noch;
Doch bis die Völker sich, die diese Erd umwogen,
Noch jetzt vom Sturm der Zeit gepeitscht,
Gleich einer See, ins Gleichgewicht gestellt,
Kann es leicht sein, der Habicht rupft
Die Brut des Aars, die, noch nicht flügg,
Im stillen Wipfel einer Eiche ruht.

Wolf.
Mithin ergibst du wirklich völlig dich
In das Verhängnis – beugst den Nacken
Dem Joch, das dieser Römer bringt,
Ohn auch ein Glied nur sträubend zu bewegen?

Hermann.
Behüte Wodan mich! Ergeben! Seid ihr toll?
Mein Alles, Haus und Hof, die gänzliche
Gesamtheit des, was mein sonst war,
Als ein verlornes Gut in meiner Hand noch ist,
Das, Freunde, setz ich dran, im Tod nur,
Wie König Porus, glorreich es zu lassen!
Ergeben! – Einen Krieg, bei Mana! will ich
Entflammen, der in Deutschland rasselnd,
Gleich einem dürren Walde, um sich greifen,
Und auf zum Himmel lodernd schlagen soll!

Thuiskomar.
Und gleichwohl – unbegreiflich bist du, Vetter!
Gleichwohl nährst keine Hoffnung du,
In solchem tüchtgen Völkerstreit zu siegen?

Hermann.
Wahrhaftig, nicht die mindeste,
Ihr Freunde. Meine ganze Sorge soll
Nur sein, wie ich, nach meinen Zwecken,
Geschlagen werd. – Welch ein wahnsinnger Tor
Müßt ich doch sein, wollt ich mir und der Heeresschar,
Die ich ins Feld des Todes führ, erlauben,
Das Aug, von dieser finstern Wahrheit ab,
Buntfarbgen Siegesbildern zuzuwenden,
Und gleichwohl dann gezwungen sein,
In dem gefährlichen Momente der Entscheidung,
Die ungeheure Wahrheit anzuschaun?
Nein! Schritt vor Schritt will ich das Land der großen Väter
Verlieren – über jeden Waldstrom schon im voraus,
Mir eine goldne Brücke baun,
In jeder Mordschlacht denken, wie ich in
Den letzten Winkel nur mich des Cheruskerlands
Zurückezieh: und triumphieren,
Wie nimmer Marius und Sylla triumphierten,
Wenn ich – nach einer runden Zahl von Jahren,
Versteht sich – im Schatten einer Wodanseiche,
Auf einem Grenzstein, mit den letzten Freunden,
Den schönen Tod der Helden sterben kann.

Dagobert.
Nun denn, beim Styxfluß –!

Selgar. Das gestehst du, Vetter,
Auf diesem Weg nicht kömmst du eben weit.

Dagobert.
Gleich einem Löwen grimmig steht er auf,
Warum? Um, wie ein Krebs, zurückzugehn.

Hermann.
Nicht weit? Hm! – Seht, das möcht ich just nicht sagen.
Nach Rom – ihr Herren, Dagobert und Selgar!
Wenn mir das Glück ein wenig günstig ist.
Und wenn nicht ich, wie ich fast zweifeln muß,

Der Enkel einer doch, wag ich zu hoffen,
Die hier in diesem Paar der Lenden ruhn!

Wolf *(umarmt ihn).*
Du Lieber, Wackrer, Göttlicher –!
Wahrhaftig, du gefällst mir. – Kommt, stoßt an!
Hermann soll, der Befreier Deutschlands, leben!

Hermann *(sich losmachend).*
Kurz, wollt ihr, wie ich schon einmal euch sagte,
Zusammenraffen Weib und Kind,
Und auf der Weser rechtes Ufer bringen,
Geschirre, goldn' und silberne, die ihr
Besitzet, schmelzen, Perlen und Juwelen
Verkaufen oder sie verpfänden,
Verheeren eure Fluren, eure Herden
Erschlagen, eure Plätze niederbrennen,
So bin ich euer Mann

Wolf. Wie? Was?

Hermann. Wo nicht –?

Thuiskomar.
Die eignen Fluren sollen wir verheeren –?

Dagobert.
Die Herden töten –?

Selgar. Unsre Plätze niederbrennen –?

Hermann.
Nicht? Nicht? Ihr wollt es nicht?

Thuiskomar.
Das eben, Rasender, das ist es ja,
Was wir in diesem Krieg verteidigen wollen!

Hermann *(abbrechend).*
Nun denn, ich glaubte, eure Freiheit wärs.
(Er steht auf.)

Thuiskomar.
Was? – Allerdings. Die Freiheit –

Hermann. Ihr vergebt mir!

Thuiskomar. Wohin, ich bitte dich?

Selgar. Was fällt dir ein?

Hermann.
Ihr Herrn, ihr hörts; so kann ich euch nicht helfen.

Dagobert *(bricht auf).*
Laß dir bedeuten, Hermann.

Hermann *(in die Szene rufend).*
Horst! Die Pferde!

Selgar *(ebenso).*
Ein Augenblick! Hör an! Du mißverstehst uns!

(Die Fürsten brechen sämtlich auf.)

Hermann.
Ihr Herrn, zur Mittagstafel sehn wir uns.

(Er geht ab; Hörnermusik.)

Wolf.
O Deutschland! Vaterland! Wer rettet dich,
Wenn es ein Held, wie Siegmars Sohn nicht tut!

(Alle ab.)

Zweiter Akt

Szene: Teutoburg. Das Innere eines großen und prächtigen Fürstenzelts, mit einem Thron.

Erster Auftritt

Hermann auf dem Thron. Ihm zur Seite Eginhardt. Ventidius, der Legat von Rom, steht vor ihm.

Hermann.
Ventidius! Deine Botschaft, in der Tat,
Erfreut zugleich mich und bestürzt mich.
– Augustus, sagst du, beut zum drittenmal,
Mir seine Hülfe gegen Marbod an.

Ventidius.
Ja, mein erlauchter Herr. Die drei Legionen,
Die, in Sicambrien, am Strom der Lippe stehn,
Betrachte sie wie dein! Quintilius Varus harrt,
Ihr großer Feldherr, deines Winkes nur,
In die Cheruskerplätze einzurücken.
Drei Tage, mehr bedarf es nicht, so steht er
Dem Marbod schon, am Bord der Weser, gegenüber,
Und zahlt, vorn an der Pfeile Spitzen,
Ihm das Metall, das er gewagt,
Dir als Tribut, der Trotzge, abzufodern.

Hermann.
Freund, dir ist selbst bekannt, wie manchem bittern Drangsal
Ein Land ist heillos preis gestellt,
Das einen Heereszug erdulden muß.
Da finden Raub und Mord und Brand sich,
Der höllentstiegene Geschwisterreigen, ein,
Und selbst das Beil oft hält sie nicht zurück.
Meinst du nicht, alles wohl erwogen,
Daß ich im Stande wär, allein
Cheruska vor dem Marbod zu beschützen?

Ventidius.
Nein, nein, mein Fürst! Den Wahn, ich bitte dich, entferne!
Gewiß, die Scharen, die du führst, sie bilden
Ein würdig kleines Heer, jedoch bedenke,
Mit welchem Feind du es zu tun!
Marbod, das Kind des Glücks, der Fürst der Sueven ists,
Der, von den Riesenbergen niederrollend,
Stets siegreich, wie ein Ball von Schnee, sich groß gewälzt.
Wo ist der Wall um solchem Sturz zu wehren?
Die Römer werden Mühe haben,
Die weltbesiegenden, wie mehr, o Herr, denn du,
Dein Reich vor der Verschüttung zu beschirmen.

Hermann.
Freilich! Freilich! Du hast zu sehr nur recht.
Das Schicksal, das im Reich der Sterne waltet,
Ihn hat es, in der Luft des Kriegs,
Zu einem Helden rüstig groß gezogen,
Dagegen mir, du weißt, das sanftre Ziel sich steckte:
Dem Weib, das mir vermählt, der Gatte,
Ein Vater meinen süßen Kindern,
Und meinem Volk ein guter Fürst zu sein.
Seit jener Mordschlacht, die den Ariovist vernichtet,
Hab ich im Felde mich nicht mehr gezeigt;
Die Weisung werd ich nimmermehr vergessen:
Es war, im Augenblick der gräßlichen Verwirrung,
Als ob ein Geist erstünde und mir sagte,
Daß mir das Schicksal hier nicht günstig wäre. –

Ventidius.
Gewiß! Die Weisheit, die du mir entfaltest,
Füllt mit Bewundrung mich. – Zudem muß ich dir sagen
Daß so, wie nun die Sachen dringend stehn,
O Herr, dir keine Wahl mehr bleibt,
Daß du dich zwischen Marbod und Augustus
Notwendig jetzt entscheiden mußt;
Daß dieses Sueven Macht, im Reich Germaniens,
Zu ungeheuer anwuchs; daß Augustus

Die Oberherrschaft keinem gönnen kann,
Der, auf ein Heer, wie Marbod, trotzend,
Sich selbst sie nur verdanken will; ja, wenn
Er je ein Oberhaupt der Deutschen anerkennt,
Ein Fürst es sein muß, das begreifst du,
Den er, durch einen Schritt, verhängnisvoll wie diesen,
Auf immer seinem Thron verbinden kann.

Hermann *(nach einer kurzen Pause).*
Wenn du die Aussicht mir eröffnen könntest,
Ventidius, daß *mir*
Die höchste Herrschgewalt in Deutschland zugedacht:
So würd Augustus, das versichr' ich dich,
Den wärmsten Freund würd er an mir erhalten.
Denn dieses Ziel, das darf ich dir gestehn,
Reizt meinen Ehrgeiz, und mit Neid
Seh ich den Marbod ihm entgegeneilen.

Ventidius.
Mein Fürst! Das ist kein Zweifel mehr.
Glaub nicht, was Meuterei hier ausgesprengt,
Ein Neffe werd Augusts, sobald es nur erobert,
In Deutschland, als Präfekt, sich niederlassen;
Und wenn gleich Scipio, Agricola, Licin,
Durch meinen großen Kaiser eingesetzt,
Nariska, Markoland und Nervien jetzt verwalten:
Ein Deutscher kann das Ganze nur beherrschen!
Der Grundsatz, das versichr' ich dich,
Steht, wie ein Felsen, bei Senat und Volk!
Wenn aber, das entscheide selbst,
Ein Deutscher solch ein Amt verwalten soll:
Wer kann es sein, o Herr, als der allein,
Durch dessen Hülfe uns ersprießlich,
Sich solch ein Herrschamt allererst errichtet?

Hermann *(vom Thron herabsteigend).*
Nun denn, Legat der römischen Cäsaren,
So werf ich, was auch säum ich länger,

Mit Thron und Reich, in deine Arme mich!
Cheruskas ganze Macht leg ich,
Als ein Vasall, zu Augusts Füßen nieder.
Laß Varus kommen, mit den Legionen;
Ich will fortan, auf Schutz und Trutz
Mich wider König Marbod ihm verbinden!

Ventidius.
Nun, bei den Uraniden! Dieser Tag,
Er ist der schönste meines Lebens!
Ich eile dem August, o Herr, dein Wort zu melden.
Man wird in Rom die Zirken öffnen,
Die Löwen kämpfen, die Athleten, lassen,
Und Freudenfeuer in die Nächte schicken!
– Wann darf Quintilius jetzt die Lippe überschreiten?

Hermann.
Wann es sein Vorteil will.

Ventidius. Wohlan, so wirst
Du morgen schon in Teutoburg ihn sehn.
– Vergönne, daß ich die Minute nütze. *(Ab.)*

Zweiter Auftritt

Hermann und Eginhardt.

(Pause.)

Hermann.
Ging er?

Eginhardt.
Mich dünkte, ja. Er bog sich links.

Hermann.
Mich dünkte, rechts.

Eginhardt. Still!

Hermann. Rechts! Der Vorhang rauschte.
Er bog sich in Thusneldens Zimmer hin.

Dritter Auftritt

Thusnelda tritt, einen Vorhang öffnend, zur Seite auf. Die Vorigen.

Hermann.
Thuschen!

Thusnelda.
Was gibts?

Hermann. Geschwind! Ventidius sucht dich.

Thusnelda.
Wo?

Hermann.
Von dem äußern Gang.

Thusnelda. So? Desto besser.
So bin ich durch den mittlern ihm entflohn.

Hermann.
Thuschen! Geschwind! Ich bitte dich!

Thusnelda. Was hast du?

Hermann.
Zurück, mein Herzchen! liebst du mich! Zurücke!
In deine Zimmer wieder! Rasch! Zurücke!

Thusnelda *(lächelnd)*.
Ach, laß mich gehn.

Hermann. Was? Nicht? Du weigerst mir –?

Thusnelda.
Laß mich mit diesem Römer aus dem Spiele.

Hermann.
Dich aus dem Spiel? Wie! Was! Bist du bei Sinnen?
Warum? Weshalb?

Thusnelda. – Er tut mir leid, der Jüngling.

Hermann.
Dir leid? Gewiß, beim Styx, weil er das Untier gestern –?

Thusnelda.
Gewiß! Bei Braga! Bei der sanften Freya:
Er war so rüstig bei der Hand!
Er *wähnte* doch, mich durch den Schuß zu retten,
Und wir verhöhnen ihn!

Hermann. Ich glaub, beim Himmel,
Die römische Tarantel hat –?
Er wähnt ja auch, du Törin, du,
Daß wir den Wahn der Tat ihm danken!
Fort, Herzchen, fort!

Eginhardt. Da ist er selber schon!

Hermann.
Er riecht die Fährt ihr ab, ich wußt es wohl.
– Du sei mir klug, ich rat es dir!
Komm, Eginhardt, ich hab dir was zu sagen. *(Ab.)*

Vierter Auftritt

Thusnelda nimmt eine Laute und setzt sich nieder.
Ventidius und Scäpio treten auf.

Ventidius *(noch unter dem Eingang).*
Scäpio! Hast du gehört?

Scäpio. Du sagst, der Bote –?

Ventidius *(flüchtig).*
Der Bote, der nach Rom geht, an Augustus,
Soll zwei Minuten warten; ein Geschäft
Für Livia liegt, die Kaiserin, mir noch ob.

Scäpio.
Genug! Es soll geschehn. *(Ab.)*

Ventidius. Harr meiner draußen.

Fünfter Auftritt

Thusnelda und Ventidius.

Ventidius.
Vergib, erlauchte Frau, dem Freund des Hauses,
Wenn er den Fuß, unaufgerufen,
In deine göttergleiche Nähe setzt.
Von deiner Lippe hört ich gern,
Wie du die Nacht, nach jenem Schreck, der gestern
Dein junges Herz erschütterte, geschlummert?

Thusnelda.
Nicht eben gut, Ventidius. Mein Gemüt
War von der Jagd noch ganz des wilden Urs erfüllt.
Vom Bogen sandt ich tausendmal den Pfeil,
Und immerfort sah ich das Tier,
Mit eingestemmten Hörnern, auf mich stürzen.
Ein fürchterlicher Tod, Ventidius,
Solch einem Ungeheu'r erliegen!
Arminius sagte scherzend heut,
Ich hätte durch die ganze Nacht,
Ventidius! Ventidius! gerufen.

Ventidius *(läßt sich leidenschaftlich vor ihr nieder, und ergreift ihre Hand).*
Wie selig bin ich, Königin,
Dir ein Gefühl entlockt zu haben!
Was für ein Strahl der Wonne strömt,
Mir unerträglich, alle Glieder lähmend,
Durch den entzückten Busen hin,
Sagt mir dein süßer Mund, daß du, bei dem Gedanken
An mich, empfindest – wärs auch die unscheinbare
Empfindung nur des Danks, verehrte Frau,
Die jedem Glücklichen geworden wäre,
Der, als ein Retter, dir zur Seite stand!

Thusnelda.
Ventidius! Was willst du mir? Steh auf!

Ventidius.
Nicht ehr, Vergötterte, als bis du meiner Brust
Ein Zeichen, gleichviel welches, des
Gefühls, das ich in dir entflammt, verehrt!
Sei es das Mindeste, was Sinne greifen mögen,
Das Herz gestaltet es zum Größesten.
Laß es den Strauß hier sein, der deinen Busen ziert.
Hier diese Schleife, diese goldne Locke –
Ja, Kön'gin, eine Locke laß es sein!

Thusnelda.
Ich glaub, du schwärmst. Du weißt nicht, wo du bist.

Ventidius.
Gib eine Locke, Abgott meiner Seelen,
Von diesem Haupthaar mir, das von der Juno Scheiteln
In üppgem Wogen nicht zur Ferse wallt!
Sieh, dem Arminius gönn ich alles:
Das ganze duftende Gefäß von Seligkeiten,
Das ich in meinen Armen zitternd halte,
Sein ists; ich gönn es ihm: es möge sein verbleiben.
Die einzge Locke fleh ich nur für mich,
Die, in dem Hain, beim Schein des Monds,
An meine Lippe heiß gedrückt,
Mir deines Daseins Traum ergänzen soll!
Die kannst du mir, geliebtes Weib, nicht weigern,
Wenn du nicht grausam mich verhöhnen willst.

Thusnelda.
Ventidius, soll ich meine Frauen rufen?

Ventidius.
Und müßt ich so, in Anbetung gestreckt,
Zu deinen Füßen flehend liegen,
Bis das Giganten-Jahr des Platon abgerollt,
Bis die graubärt'ge Zeit ein Kind geworden,
Und der verliebten Schäfer Paare wieder
An Milch- und Honigströmen zärtlich wandeln:
Von diesem Platz entweichen werd ich nicht,

Bis jener Wunsch, den meine Seele
Gewagt hat dir zu nennen, mir erfüllt.

(Thusnelda steht auf und sieht ihn an. Ventidius läßt sie betreten los und erhebt sich. Thusnelda geht und klingelt.)

Sechster Auftritt

Gertrud und Bertha treten auf. Die Vorigen.

Thusnelda.
Gertrud; wo bleibst du? Ich rief nach meinen Kindern.

Gertrud.
Sie sind im Vorgemach.

(Sie wollen beide gehen.)

Thusnelda. Wart! Einen Augenblick!
Gertrud, du bleibst! – Du, Bertha, kannst sie holen.

(Bertha ab.)

Siebenter Auftritt

Thusnelda setzt sich wieder nieder, ergreift die Laute, und tut einige Griffe darauf, Ventidius läßt sich hinter ihr, auf einem Sessel, nieder. Gertrud..

(Pause.)

Thusnelda *(spielt und singt)*.

Ein Knabe sah den Mondenschein
  In eines Teiches Becken;
Er faßte mit der Hand hinein,
  Den Schimmer einzustecken;
Da trübte sich des Wassers Rand,
Das glänzge Mondesbild verschwand,
  Und seine Hand war –

Ventidius *(steht auf. Er hat, während dessen, unbemerkt eine Locke von Thusneldens Haar geschnitten, wendet sich ab, und drückt sie leidenschaftlich an seine Lippe)*.

Thusnelda *(hält inne).*
Was hast du?

Ventidius *(entzückt).*
– Was ich um das Gold der Afern,
Die Seide Persiens, die Perlen von Korinth,
Um alles, was die Römerwaffen
Je in dem Kreis der Welt erbeuteten, nicht lasse.

Thusnelda.
Ich glaub, du treibst die Dreistigkeit so weit,
Und nahmst mir – *(Sie legt die Laute weg.)*

Ventidius. Nichts, nichts, als diese Locke!
Doch selbst der Tod nicht trennt mich mehr von ihr.
(Er beugt ehrfurchtsvoll ein Knie vor ihr und geht ab.)

Thusnelda *(steht auf).*
Ventidius Carbo, du beleidigst mich! –
Gib sie mir her, sag ich! – Ventidius Carbo!

Achter Auftritt

Hermann mit einer Pergamentrolle. Hinter ihm Eginhardt. – Die Vorigen.

Hermann.
Was gibts, mein Thuschen? Was erhitzt dich so?

Thusnelda *(erzürnt).*
Nein, dies ist unerträglich, Hermann!

Hermann.
Was hast du? Sprich! Was ist geschehn, mein Kind?

Thusnelda.
Ich bitte dich, verschone fürder
Mit den Besuchen dieses Römers mich.
Du wirfst dem Walfisch, wie das Sprichwort sagt,
Zum Spielen eine Tonne vor;
Doch wenn du irgend dich auf offnem Meere noch
Erhalten kannst, so bitt ich dich,
Laß es was anders, als Thusnelden, sein.

Hermann.
Was wollt er dir, mein Herzchen, sag mir an?

Thusnelda.
Er kam und bat, mit einer Leidenschaft,
Die wirklich alle Schranken niederwarf,
Gestreckt auf Knieen, wie ein Glücklicher,
Um eine Locke mich –

Hermann. Du gabst sie ihm –?

Thusnelda.
Ich –? ihm die Locke geben!

Hermann. Was! Nicht? Nicht?

Thusnelda.
Ich weigerte die Locke ihm. Ich sagte,
Ihn hätte Wahnsinn, Schwärmerei ergriffen,
Erinnert ihn, an welchem Platz er wäre –

Hermann.
Da kam er her und schnitt die Locke ab –?

Thusnelda.
Ja, in der Tat! Es scheint, du denkst, ich scherze.
Inzwischen ich auf jenem Sessel mir
Ein Lied zur Zither sang, löst er,
Mit welchem Werkzeug weiß ich nicht, bis jetzt,
Mir eine Locke heimlich von der Scheitel,
Und gleich, als hätt er sie, der Törichte,
Von meiner Gunst davongetragen,
Drückt' er sie, glühend vor Entzücken, an die Lippen,
Und ging, mit Schritten des Triumphes,
Als du erschienst, mit seiner Beut hinweg.

Hermann *(mit Humor)*.
Ei, Thuschen, was! So sind wir glückliche
Geschöpfe ja, so wahr ich lebe,
Daß er die andern dir gelassen hat.

Thusnelda.
Wie? Was? Wir wären glücklich –?

Hermann. Ja, beim Himmel!
Käm er daher, mit seinen Leuten,
Die Scheitel ratzenkahl dir abzuscheren:
Ein Schelm, mein Herzchen, will ich sein,
Wenn ich die Macht besitz, es ihm zu wehren.

Thusnelda *(zuckt die Achseln)*.
– Ich weiß nicht, was ich von dir denken soll.

Hermann.
Bei Gott, ich auch nicht. Varus rückt
Mit den Kohorten morgen bei mir ein. –

Thusnelda *(streng)*.
Armin, du hörst, ich wiederhol es dir,
Wenn irgend dir dein Weib was wert ist,
So nötigst du mich nicht, das Herz des Jünglings ferner
Mit falschen Zärtlichkeiten, zu entflammen.
Bekämpf ihn, wenn du willst, mit Waffen des Betrugs,
Da, wo er mit Betrug dich angreift;
Doch hier, wo, gänzlich unbesonnen,
Sein junges Herz sich dir entfaltet,
Hier wünsch ich lebhaft, muß ich dir gestehn,
Daß du auf offne Weise ihm begegnest.
Sag ihm, mit einem Wort, bestimmt doch ungehässig,
Daß seine kaiserliche Sendung
An dich, und nicht an deine Gattin sei gerichtet.

Hermann *(sieht sie an)*.
Entflammen? Wessen Herz? Ventidius Carbos?
Thuschen! Sieh mich mal an! – Bei unsrer Hertha!
Ich glaub, du bildst dir ein, Ventidius liebt dich?

Thusnelda.
Ob er mich liebt?

Hermann. Nein, sprich, im Ernst, das glaubst du?
So, was ein Deutscher lieben nennt,
Mit Ehrfurcht und mit Sehnsucht, wie ich dich?

Thusnelda.
Gewiß, glaub mir, ich fühls, und fühls mit Schmerz,
Daß ich den Irrtum leider selbst,
Der dieses Jünglings Herz ergriff, verschuldet.
Er hätte, ohne die betrügerischen Schritte,
Zu welchen du mich aufgemuntert,
Sich nie in diese Leidenschaft verstrickt;
Und wenn du das Geschäft, ihn offen zu enttäuschen,
Nicht übernehmen willst, wohlan:
Bei unsrer nächsten Zwiesprach werd ichs selbst.

Hermann.
Nun, Thuschen, ich versichre dich,
Ich liebe meinen Hund mehr, als er dich.
Du machst, beim Styx, dir überflüssge Sorge.
Ich zweifle nicht, o ja, wenn ihn dein schöner Mund
Um einen Dienst ersucht, er tut ihn dir:
Doch wenn er die Orange ausgesaugt,
Die Schale, Herzchen, wirft er auf den Schutt.

Thusnelda *(empfindlich)*.
Dich macht, ich seh, dein Römerhaß ganz blind.
Weil als dämonenartig dir
Das Ganz' erscheint, so kannst du dir
Als sittlich nicht den Einzelnen gedenken.

Hermann.
Meinst du? Wohlan! Wer recht hat, wird sich zeigen.
Wie er die Lock, auf welche Weise,
Gebrauchen will, das weiß ich nicht;
Doch sie im Stillen an den Mund zu drücken,
Das kannst du sicher glauben, ist es nicht.
– Doch, Thuschen, willst du jetzt allein mich lassen?

Thusnelda. O ja. Sehr gern.
Hermann. Du bist mir doch nicht bös?

Thusnelda.
Nein, nein! Versprich mir nur, für immer mich
Mit diesem Toren aus dem Spiel zu lassen!

Hermann.
Topp! Meine Hand drauf! In drei Tagen,
Soll sein Besuch dir nicht zur Last mehr fallen!

(Thusnelda und Gertrud ab.)

Neunter Auftritt

Hermann und Eginhardt.

Hermann.
Hast du mir den geheimen Boten
An Marbod, Fürst von Suevien, besorgt?

Eginhardt.
Er steht im Vorgemach.

Hermann. Wer ist es?

Eginhardt.
Mein Fürst und Herr, es ist mein eigner Sohn!
Ich konnte keinen Schlechteren
Für diese wichtge Botschaft dir bestellen.

Hermann.
Ruf ihn herein!

Eginhardt. Luitogar, erscheine!

Zehnter Auftritt

Luitgar tritt auf. – Die Vorigen.

Hermann.
Du bist entschlossen, hör ich, Luitgar,
An Marbod heimlich eine Botschaft zu besorgen?

Luitgar.
Ich bins, mein hoher Herr.

Hermann. Kann ich gewiß sein,
Daß das, was ich dir anvertraue,
Vor morgen nacht in seinen Händen ist?

Luitgar.
Mein Fürst, so sicher, als ich morgen lebe,
So sicher auch ist es ihm überbracht.

Hermann.
Gut. – Meine beide blonden Jungen wirst du,
Den Rinold und den Adelhart,
Empfangen, einen Dolch, und dieses Schreiben hier,
Dem Marbod, Herrn des Suevenreiches,
Von mir zu überliefern. – Die drei Dinge
Erklären sich, genau erwogen, selbst,
Und einer mündlichen Bestellung braucht es nicht;
Doch, um dich in den Stand zu setzen,
Sogleich jedwedem Irrtum zu begegnen,
Der etwa nicht von mir berechnet wäre,
Will ich umständlich, von dem Schritt,
Zu dem ich mich entschloß, dir Kenntnis geben.

Luitgar.
Geruhe deinen Knecht zu unterrichten.

Hermann.
Die Knaben schick ich ihm zuvörderst und den Dolch,
Damit dem Brief er Glauben schenke.
Wenn irgend in dem Brief ein Arges ist enthalten,
Soll er den Dolch sofort ergreifen,
Und in der Knaben weiße Brüste drücken.

Luitgar.
Wohl, mein erlauchter Herr.

Hermann. Augustus hat
Das Angebot der drei Legionen,
Die Varus führt, zum Schutze wider Marbod,

Zum drittenmal mir heute wiederholt.
Gründe von zwingender Gewalt bestimmten mich,
Die Truppen länger nicht mehr abzulehnen.
Sie rücken morgen in Cheruska ein,
Und werden, in drei Tagen schon,
Am Weserstrom, ins Angesicht ihm sehn.
Varus will schon am Idus des Augusts
(Also am Tag *nach* unserem
Hochheilgen Nornentag, das merk dir wohl),
Mit seinem Römerheer die Weser überschiffen,
Und Hermann wird, auf einen Marsch,
Mit dem Cheruskerheer, zu gleichem Zweck, ihm folgen.
An dem Alraunentag, Luitgar,
(Also am Tag vor unserm Nornentag)
Brech ich von Teutoburg mit meinen Scharen auf.
Jenseits der Weser wollen wir
Vereint auf Marbods Haufen plötzlich fallen;
Und wenn wir ihn erdrückt (wie kaum zu zweifeln steht),
Soll mir, nach dem Versprechen Augusts,
Die Oberherrschaft in Germanien werden.

Luitgar.
Ich faß, o Herr, dich und bewundre
Schon im voraus, was noch erfolgen wird.

Hermann.
Ich weiß inzwischen, daß Augustus sonst
Ihm mit der Herrschaft von Germanien geschmeichelt.
Mir ist von guter Hand bekannt,
Daß Varus heimlich ihn mit Geld,
Und Waffen selbst versehn, mich aus dem Feld zu schlagen.
Das Schicksal Deutschlands lehrt nur allzudeutlich mich,
Daß Augusts letzte Absicht sei,
Uns beide, mich wie ihn, zugrund zu richten,
Und wenn er, Marbod, wird vernichtet sein,
Der Suevenfürst, so fühl ich lebhaft,
Wird an Arminius die Reihe kommen.

Luitgar.
Du kennst, ich seh, die Zeit, wie wenige.

Hermann.
Da ich nun – *soll* ich einen Oberherrn erkennen,
Weit lieber einem Deutschen mich,
Als einem Römer unterwerfen will:
Von allen Fürsten Deutschlands aber *ihm*,
Marbod, um seiner Macht, und seines Edelmuts,
Der Thron am unzweideutigsten gebührt:
So unterwerf ich mich hiermit demselben,
Als meinem Herrn und hohen König,
Und zahl ihm den Tribut, Luitogar, den er
Durch einen Herold, jüngst mir abgefordert.

Luitgar *(betreten).*
Wie mein erlauchter Herr! Hört ich auch recht?
Du unterwirfst –? Ich bitte dich, mein Vater!

(Eginhardt winkt ihm, ehrfurchtsvoll zu schweigen.)

Hermann.
Dagegen, hoff ich, übernimmt nun er,
Als Deutschlands Oberherrscher, die Verpflichtung,
Das Vaterland von dem Tyrannenvolk zu säubern.
Er wird den Römeradler länger nicht
Um einen Tag, steht es in seiner Macht,
Auf Hermanns, seines Knechts, Gefilden dulden.
Und da der Augenblick sich eben günstig zeigt,
Dem Varus, eh der Mond noch wechselte,
Das Grab in dem Cheruskerland zu graben,
So wag ich es, sogleich dazu
In Ehrfurcht *ihm* den Kriegsplan vorzulegen.

Eginhardt.
Jetzt merk wohl auf, Luitogar,
Und laß kein Wort Arminius' dir entschlüpfen.

Luitgar.
Mein Vater! Meine Brust ist Erz
Und ein Demantengriffel seine Rede!

Hermann.
Der Plan ist einfach und begreift sich leicht. –
Varus kommt, in der Nacht der düsteren Alraunen,
Im Teutoburger Walde an,
Der zwischen mir liegt und der Weser Strom.
Er denkt am folgenden, dem Tag der letzten Nornen,
Des Stroms Gestade völlig zu erreichen,
Um, an dem Idus des Augusts,
Mit seinem Heer darüber hin zu gehn.
Nun aber überschifft, am Tag schon der Alraunen,
Marbod der Weser Strom und rückt
Ihm bis zum Wald von Teutoburg entgegen.
Am gleichen Tag brech ich, dem Heer des Varus folgend,
Aus meinem Lager auf, und rücke
Von hinten ihm zu diesem Walde nach.
Wenn nun der Tag der Nornen purpurn
Des Varus Zelt bescheint, so siehst du, Freund Luitgar,
Ist ihm der Lebensfaden schon durchschnitten.
Denn nun fällt Marbod ihn von vorn,
Von hinten ich ihn grimmig an,
Erdrückt wird er von unsrer Doppelmacht:
Und keine andre Sorge bleibt uns,
Als die nur, eine Hand voll Römer zu verschonen;
Die, von dem Fall der übrigen,
Die Todespost an den Augustus bringen.
– Ich denk der Plan ist gut. Was meinst du, Luitgar?

Luitgar.
O Hermann! Wodan hat ihn selbst dir zugeflüstert!
Sieh, wenn du den Cheruskern ihn wirst nennen,
Sie werden, was sie nimmer tun,
Sieg! vor dem ersten Keulenschlag schon rufen!

Hermann.
Wohlan! In dem Vertraun itzt, das ich hege,
Er, Marbod, auch, werd diesen Plan,
Nach seiner höhren Weisheit billigen,
Nimmt er für mich die Kraft nun des Gesetzes an.
An dem Alraunentag rück ich nunmehr so fehllos,
Als wär es sein Gebot, aus meinem Lager aus,
Und steh, am Nornentag, vorm Teutoburger Wald.
Ihm aber – überlaß ich es in Ehrfurcht,
Nach dem Entwurf, das Seinige zu tun.
– Hast du verstanden?

Luitgar. Wohl, mein erlauchter Herr.

Hermann.
Sobald wir über Varus' Leiche uns
Begegnet – beug ich ein Knie vor ihm,
Und harre seines weiteren Befehls.
– Weißt du noch sonst was, Eginhardt?

Eginhardt.
Nichts, mein Gebieter.

Hermann. Oder du, Luitgar?

Luitgar *(zögernd)*.
Nichts mindestens, das von Bedeutung wäre. –
Laß deiner Weisheit ganz mich unterwerfen.

Hermann.
– Nun? Sags nur dreist heraus, du siehst so starr
Auf diese kleine Rolle nieder,
Als hättst du nicht das Herz, sie zu ergreifen.

Luitgar.
Mein Fürst, die Wahrheit dir zu sagen,
Die Möglichkeit, daß mich ein Unfall träf, erschreckt mich.
Laß uns, in keinem Stück, der Gunst des Glücks vertraun.
Vergönne mir, ich bitte dich,
Zwei Freund ins Lager Marbods mitzunehmen,
Damit, wenn mir Verhindrung käme,

Ein andrer, und ein dritter noch,
Das Blatt in seine Hände bringen kann.

Hermann.
Nichts, nichts, Luitgar! Welch ein Wort entfiel dir?
Wer wollte die gewaltigen Götter
Also versuchen?! Meinst du, es ließe
Das große Werk sich ohne sie vollziehn?
Als ob ihr Blitz drei Boten minder,
Als einen einzelnen, zerschmettern könnte!
Du gehst allein; und triffst du mit der Botschaft
Zu spät bei Marbod, oder gar nicht, ein:
Seis! mein Geschick ists, das ich tragen werde.

Luitgar.
Gib mir die Botschaft! Nur der Tod verhindert,
Daß er sie morgen in den Händen hält.

Hermann.
Komm. So gebraucht ich dich. Hier ist die Rolle,
Und Dolch und Kinder händg' ich gleich dir ein.

(Alle ab.)

Dritter Akt

Szene: Platz vor einem Hügel, auf welchem das Zelt Hermanns steht. Zur Seite eine Eiche, unter welcher ein großes Polster liegt, mit prächtigen Tigerfellen überdeckt. Im Hintergrunde siebt man die Wohnungen der Horde.

Erster Auftritt

Hermann, Eginhardt, zwei Ältesten der Horde und andere stehen vor dem Zelt und schauen in die Ferne.

Hermann.
Das ist Thuiskon, was jetzt Feuer griff?

Erster Ältester.
Vergib mir, Herthakon.

Hermann. Ja, dort zur Linken.
Der Ort, der brannte längst. Zur Rechten, mein ich.

Erster Ältester.
Zur Rechten, meinst du. Das ist Helakon.
Thuiskon kann man hier vom Platz nicht sehn.

Hermann.
Was! Helakon! Das liegt in Asche schon.
Ich meine, was jetzt eben Feuer griff?

Erster Ältester.
Ganz recht! Das ist Thuiskon, mein Gebieter!
Die Flamme schlägt jetzt übern Wald empor.

(Pause.)

Hermann.
Auf diesem Weg rückt, dünkt mich, Varus an?

Erster Ältester.
Varus? Vergib. Von deinem Jagdhaus Orla.
Das ist der Ort, wo heut er übernachtet.

Hermann.
Ja, Varus in Person. Doch die drei Haufen,
Die er ins Land mir führt –?

Zweiter Ältester *(vortretend).* Die ziehn, mein König,
Durch Thuiskon, Helakon und Herthakon.

(Pause.)

Hermann *(indem er vom Hügel herabschreitet).*
Man soll aufs beste, will ich, sie empfangen.
An Nahrung weder, reichlicher,
Wie der Italier sie gewohnt, soll mans
Noch auch an Met, an Fellen für die Nacht,
Noch irgend sonst, wie sie auch heiße,
An einer Höflichkeit gebrechen lassen.
Denn meine guten Freunde sinds,
Von August mir gesandt, Cheruska zu beschirmen,

Und das Gesetz der Dankbarkeit erfordert,
Nichts, was sie mir verbinden kann, zu sparen.

Erster Ältester.
Was dein getreuer Lagerplatz besitzt,
Das zweifle nicht, wird er den Römern geben.

Zweiter Ältester.
Warum auch soll er warten, bis mans nimmt?

Zweiter Auftritt

Drei Hauptleute treten eilig nach einander auf. Die Vorigen.

Der erste Hauptmann *(indem er auftritt).*
Mein Fürst, die ungeheueren
Unordnungen, die sich dies Römerheer erlaubt,
Beim Himmel! übersteigen allen Glauben.
Drei deiner blühndsten Plätze sind geplündert,
Entflohn die Horden, alle Hütten und Gezelte –
Die unerhörte Tat! – den Flammen preisgegeben!

Hermann *(heimlich und freudig).*
Geh, geh, Siegrest! Spreng aus, es wären sieben!

Der erste Hauptmann.
Was? – Was gebeut mein König?

Eginhardt. Hermann sagt –
(Er nimmt ihn beiseite.)

Der erste Älteste.
Dort kommt ein neuer Unglücksbote schon!

Der zweite Hauptmann *(tritt auf).*
Mein Fürst, man schickt von Herthakon mich her,
Dir eine gräßliche Begebenheit zu melden!
Ein Römer ist, in diesem armen Ort,
Mit einer Wöchnerin in Streit geraten,
Und hat, da sie den Vater rufen wollte,
Das Kind, das sie am Busen trug, ergriffen,
Des Kindes Schädel, die Hyäne, rasend

An seiner Mutter Schädel eingeschlagen.
Die Feldherrn, denen man die Greueltat gemeldet,
Die Achseln haben sie gezuckt, die Leichen
In eine Grube heimlich werfen lassen.

Hermann *(ebenso)*.
Geh! Fleuch! Verbreit es in dem Platz, Govin!
Versichere von mir, den Vater hätten sie
Lebendig, weil er zürnte, nachgeworfen!

Der zweite Hauptmann.
Wie? Mein erlauchter Herr!

Eginhardt *(nimmt ihn beim Arm)*. Ich will dir sagen –
(Er spricht heimlich mit ihm.)

Erster Ältester.
Beim Himmel! Da erscheint der dritte schon!

Der dritte Hauptmann *(tritt auf)*.
Mein Fürst, du mußt, wenn du die Gnade haben willst,
Verzuglos dich nach Helakon verfügen.
Die Römer fällten dort, man sagt mir, aus Versehen,
Der tausendjährgen Eichen eine,
Dem Wodan, in dem Hain der Zukunft, heilig.
Ganz Helakon hierauf, Thuiskon, Herthakon,
Und alles, was den Kreis bewohnt,
Mit Spieß und Schwert stand auf, die Götter zu verteidgen.
Den Aufruhr rasch zu dämpfen, steckten
Die Römer plötzlich alle Läger an:
Das Volk, so schwer bestraft, zerstreute jammernd sich,
Und heult jetzt um die Asche seiner Hütten. –
Komm, bitt ich dich, und steure der Verwirrung.

Hermann.
Gleich, gleich! – Man hat mir hier gesagt,
Die Römer hätten die Gefangenen gezwungen,
Zeus, ihrem Greulgott, in den Staub zu knien?

Der dritte Hauptmann.
Nein, mein Gebieter, davon weiß ich nichts.

Hermann.
Nicht? Nicht? – Ich hab es von dir selbst gehört!

Der dritte Hauptmann.
Wie? Was?

Hermann *(in den Bart).*
Wie! Was! Die deutschen Uren!
– Bedeut ihm, was die List sei, Eginhardt.

Eginhardt.
Versteh, Freund Ottokar! Der König meint –
(Er nimmt ihn beim Arm und spricht heimlich mit ihm.)

Erster Ältester.
Nun solche Zügellosigkeit, beim hohen Himmel,
In Freundes Land noch obenein,
Ward doch, seitdem die Welt steht, nicht erlebt!

Zweiter Ältester.
Schickt Männer aus, zu löschen!

Hermann *(der wieder in die Ferne gesehn).*
Hör, Eginhardt!
Was ich dir sagen wollte –

Eginhardt. Mein Gebieter!

Hermann *(heimlich).*
Hast du ein Häuflein wackrer Leute wohl,
Die man zu einer List gebrauchen könnte?

Eginhardt.
Mein Fürst, die War' ist selten, wie du weißt.
– Was wünschest du, sag an?

Hermann. Was? Hast du sie?
Nun hör, schick sie dem Varus, Freund,
Wenn er zur Weser morgen weiter rückt,
Schick sie in Römerkleidern doch vermummt ihm nach.
Laß sie, ich bitte dich, auf allen Straßen,

Die sie durchwandern, sengen, brennen, plündern:
Wenn sies geschickt vollziehn, will ich sie lohnen!

Eginhardt.
Du sollst die Leute haben. Laß mich machen.
(Er mischt sich unter die Hauptleute.)

Dritter Auftritt

Thusnelda tritt aus dem Zelt. – Die Vorigen.

Hermann *(heiter)*.
Ei, Thuschen! Sieh! Mein Stern! Was bringst du mir?
(Er sieht wieder, mit vorgeschützter Hand, in die Ferne hinaus.)

Thusnelda.
Ei nun! Die Römer, sagt man, ziehen ein;
Die muß Arminius' Frau doch auch begrüßen.

Hermann.
Gewiß, gewiß! So wills die Artigkeit.
Doch weit sind sie im Felde noch;
Komm her und laß den Zug heran uns plaudern!
(Er winkt ihr, sich unter der Eiche niederzulassen.)

Thusnelda *(den Sitz betrachtend)*.
Der Sybarit! Sieh da! Mit seinen Polstern!
Schämst du dich nicht? – Wer traf die Anstalt hier?
(Sie setzt sich nieder.)

Hermann.
Ja, Kind! Die Zeiten, weißt du, sind entartet.
Holla, schafft Wein mir her, ihr Knaben,
Damit der Perserschach vollkommen sei!
(Er läßt sich an Thusneldens Seite nieder und umarmt sie.)
Nun, Herzchen, sprich, wie gehts dir, mein Planet?
Was macht Ventidius, dein Mond? Du sahst ihn?

(Es kommen Knaben und bedienen ihn mit Wein.)

Thusnelda.
Ventidius? Der grüßt dich.

Hermann. So! Du sahst ihn?

Thusnelda.
Aus meinem Zimmer eben ging er fort!
– Sieh mich mal an!

Hermann. Nun?

Thusnelda. Siehst du nichts?

Hermann. Nein, Thuschen.

Thusnelda.
Nichts? Gar nichts? Nicht das Mindeste?

Hermann.
Nein, in der Tat! Was soll ich sehn?

Thusnelda. Nun wahrlich,
Wenn Varus auch so blind, wie du,
Der Feldherr Roms, den wir erwarten,
So war die ganze Mühe doch verschwendet.

Hermann *(indem er dem Knaben, der ihn bedient, den Becher zurückgibt).*
Ja, so! Du hast, auf meinen Wunsch, den Anzug
Heut mehr gewählt, als sonst –

Thusnelda. So! Mehr gewählt!
Geschmückt bin ich, beim hohen Himmel,
Daß ich die Straßen Roms durchschreiten könnte!

Hermann.
Potz! Bei der großen Hertha! Schau! – Hör, du!
Wenn ihr den Adler seht, so ruft ihr mich.

(Der Knabe, der ihn bedient, nickt mit dem Kopf.)

Thusnelda.
Was?

Hermann.
Und Ventidius war bei dir?

Thusnelda.
Ja, allerdings. Und zeigte mir am Putztisch,
Wie man, in Rom, das Haar sich ordnet,
Den Gürtel legt, das Kleid in Falten wirft.

Hermann.
Schau, wie er göttlich dir den Kopf besorgt!
Der Kopf, beim Styx, von einer Juno!
Bis auf das Diadem sogar,
Das dir vom Scheitel blitzend niederstrahlt!

Thusnelda.
Das ist das schöne Prachtgeschenk,
Das du aus Rom mir jüngsthin mitgebracht.

Hermann.
So? Der geschnittne Stein, gefaßt mit Perlen?
Ein Pferd war, dünkt mich, drauf?

Thusnelda. Ein wildes, ja,
Das seinen Reiter abwirft. –

(Er betrachtet das Diadem.)

Hermann. Aber, Thuschen! Thuschen!
Wie wirst du aussehn, liebste Frau,
Wenn du mit einem kahlen Kopf wirst gehn?

Thusnelda.
Wer? Ich?

Hermann. Du, ja! – Wenn Marbod erst geschlagen ist,
So läuft kein Mond ins Land, beim Himmel!
Sie scheren dich so kahl wie eine Ratze.

Thusnelda.
Ich glaub, du träumst, du schwärmst! Wer wird den Kopf mir –?

Hermann.
Wer? Ei, Quintilius Varus und die Römer,
Mit denen ich alsdann verbunden bin.

Thusnelda.
Die Römer! Was!

Hermann. Ja, was zum Henker, denkst du?
– Die römschen Damen müssen doch,
Wenn sie sich schmücken, hübsche Haare haben?

Thusnelda.
Nun haben denn die römschen Damen keine?

Hermann.
Nein, sag ich! Schwarze! Schwarz und fett, wie Hexen!
Nicht hübsche, trockne, goldne, so wie du!

Thusnelda.
Wohlan! So mögen sie! Der triftge Grund!
Wenn sie mit hübschen nicht begabt,
So mögen sie mit schmutzgen sich behelfen.

Hermann. So! In der Tat! Da sollen die Kohorten
Umsonst wohl übern Rhein gekommen sein?

Thusnelda.
Wer? Die Kohorten?

Hermann. Ja, die Varus führt.

Thusnelda *(lacht).*
Das muß ich sagen! Der wird doch
Um meiner Haare nicht gekommen sein?

Hermann.
Was? Allerdings! Bei unsrer großen Hertha!
Hat dir Ventidius das noch nicht gesagt?

Thusnelda.
Ach, geh! Du bist ein Affe.

Hermann. Nun, ich schwörs dir. –
Wer war es schon, der jüngst beim Mahl erzählte,
Was einer Frau in Ubien begegnet?

Thusnelda.
Wem? Einer Ubierin?

Hermann. Das weißt du nicht mehr?

Thusnelda.
Nein, Lieber! – Daß drei Römer sie, meinst du,
In Staub gelegt urplötzlich und gebunden –?

Hermann.
Nun ja! Und ihr nicht bloß, vom Haupt hinweg,
Das Haar, das goldene, die Zähne auch,
Die elfenbeinernen, mit einem Werkzeug,
Auf offner Straße, aus dem Mund genommen?

Thusnelda.
Ach, geh! Laß mich zufrieden.

Hermann. Das glaubst du nicht?

Thusnelda.
Ach, was! Ventidius hat mir gesagt,
Das wär ein Märchen.

Hermann. Ein Märchen! So!
Ventidius hat ganz recht, wahrhaftig,
Sein Schäfchen, für die Schurzeit, sich zu kirren.

Thusnelda.
Nun, der wird doch den Kopf mir selber nicht –?

Hermann.
Ventidius? Hm! Ich steh für nichts, mein Kind.

Thusnelda *(lacht).*
Was? Er? Er, mir? Nun, das muß ich gestehn –!

Hermann.
Du lachst. Es sei. Die Folge wird es lehren.

(Pause.)

Thusnelda *(ernsthaft).*
Was denn, in aller Welt, was machen sie
In Rom, mit diesen Haaren, diesen Zähnen?

Hermann.
Was du für Fragen tust, so wahr ich lebe!

Thusnelda.
Nun ja! Wie nutzen sie, bei allen Nornen!
Auf welche Art gebrauchen sie die Dinge?
Sie können doch die fremden Locken nicht
An ihre eignen knüpfen, nicht die Zähne
Aus ihrem eignen Schädel wachsen machen?

Hermann.
Aus ihrem eignen Schädel wachsen machen!

Thusnelda.
Nun also! Wie verfahren sie? So sprich!

Hermann *(mit Laune).*
Die schmutzgen Haare schneiden sie sich ab,
Und hängen unsre trocknen um die Platte!
Die Zähne reißen sie, die schwarzen, aus,
Und stecken unsre weißen in die Lücken!

Thusnelda.
Was!

Hermann.
In der Tat! Ein Schelm, wenn ich dir lüge. –

Thusnelda *(glühend).*
Bei allen Rachegöttern! Allen Furien!
Bei allem, was die Hölle finster macht!
Mit welchem Recht, wenn dem so ist,
Vom Kopf uns aber nehmen sie sie weg?

Hermann.
Ich weiß nicht, Thuschen, wie du heut dich stellst.
Steht August nicht, mit den Kohorten,
In allen Ländern siegreich aufgepflanzt?

Für wen erschaffen ward die Welt, als Rom?
Nimmt August nicht dem Elefanten
Das Elfenbein, das Öl der Bisamkatze,
Dem Panthertier das Fell, dem Wurm die Seide?
Was soll der Deutsche hier zum voraus haben?

Thusnelda *(sieht ihn an)*.
Was wir zum voraus sollen –?

Hermann. Allerdings.

Thusnelda.
Daß du verderben müßtest, mit Vernünfteln!
Das sind ja Tiere, Querkopf, der du bist,
Und keine Menschen!

Hermann. Menschen! ja, mein Thuschen,
Was ist der Deutsche in der Römer Augen?

Thusnelda.
Nun, doch kein Tier, hoff ich –?

Hermann. Was? – Eine Bestie,
Die auf vier Füßen in den Wäldern läuft!
Ein Tier, das, wo der Jäger es erschaut,
Just einen Pfeilschuß wert, mehr nicht,
Und ausgeweidet und gepelzt dann wird!

Thusnelda.
Ei, die verwünschte Menschenjägerei!
Ei, der Dämonenstolz! Der Hohn der Hölle!

Hermann *(lacht)*.
Nun wird ihr bang, um ihre Zähn und Haare.

Thusnelda.
Ei, daß wir, wie die grimmgen Eber, doch
Uns über diese Schützen werfen könnten!

Hermann *(ebenso)*.
Wie sie nur aussehn wird! Wie'n Totenkopf!

Thusnelda.
Und diese Römer nimmst du bei dir auf?

Hermann.
Ja, Thuschen! Liebste Frau, was soll ich machen?
Soll ich, um deiner gelben Haare,
Mit Land und Leut in Kriegsgefahr mich stürzen?

Thusnelda.
Um meiner Haare! Was? Gilt es sonst nichts?
Meinst du, wenn Varus so gestimmt, er werde
Das Fell dir um die nackten Schultern lassen?

Hermann.
Sehr wahr, beim Himmel! Das bedacht ich nicht.
Es sei! Ich will die Sach mir überlegen.

Thusnelda.
Dir überlegen! – Er rücket ja schon ein!

Hermann.
Je nun, mein Kind. Man schlägt ihn wieder 'naus.

(Sie sieht ihn an.)

Thusnelda.
Ach, geh! Ein Geck bist du, ich sehs, und äffst mich!
Nicht, nicht? Gestehs mir nur: du scherztest bloß?

Hermann *(küßt sie)*.
Ja. – Mit der Wahrheit, wie ein Abderit.
– Warum soll sich, von seiner Not,
Der Mensch, auf muntre Art, nicht unterhalten? –
Die Sach ist zehnmal schlimmer, als ichs machte,
Und doch auch, wieder so betrachtet,
Bei weitem nicht so schlimm. – Beruhge dich.

(Pause.)

Thusnelda.
Nun, meine goldnen Locken kriegt er nicht!
Die Hand, die in den Mund mir käme,

Wie jener Frau, um meiner Zähne:
Ich weiß nicht, Hermann, was ich mit ihr machte.

Hermann *(lacht).*
Ja, liebste Frau, da hast du recht! Beiß zu!
Danach wird weder Hund noch Katze krähen. –

Thusnelda.
Doch sieh! Wer fleucht so eilig dort heran?

Vierter Auftritt

Ein Cherusker tritt auf. Die Vorigen.

Der Cherusker.
Varus kömmt!

Hermann *(erhebt sich).*
Was! Der Feldherr Roms! Unmöglich!
Wer wars, der mir von seinem Einzug
In Teutoburg die Nachricht geben wollte?

Fünfter Auftritt

Varus tritt auf. Ihm folgen Ventidius, der Legat; Crassus und Septimius, zwei römische Hauptleute; und die deutschen Fürsten Fust, Gueltar und Aristan. – Die Vorigen.

Hermann *(indem er ihm entgegengeht).*
Vergib, Quintilius Varus, mir,
Daß deine Hoheit mich hier suchen muß!
Mein Wille war, dich ehrfurchtsvoll
In meines Lagers Tore einzuführen,
Oktav August in dir, den großen Kaiser Roms,
Und meinen hochverehrten Freund, zu grüßen.

Varus.
Mein Fürst, du bist sehr gütig, in der Tat.
Ich hab von außerordentlichen
Unordnungen gehört, die die Kohorten sich
In Helakon und Herthakon erlaubt;
Von einer Wodanseiche unvorsichtiger

Verletzung – Feuer, Raub und Mord,
Die dieser Tat unsel'ge Folgen waren,
Von einer Aufführung, mit einem Wort,
Nicht eben, leider! sehr geschickt,
Den Römer in Cheruska zu empfehlen.
Sei überzeugt, ich selbst befand mich in Person
Bei keinem der drei Heereshaufen,
Die von der Lippe her ins Land dir rücken.
Die Eiche, sagt man zwar, ward nicht aus Hohn verletzt,
Der Unverstand nur achtlos warf sie um;
Gleichwohl ist ein Gericht bereits bestellt,
Die Täter aufzufahn, und morgen wirst du sie,
Zur Sühne deinem Volk, enthaupten sehn.

Hermann.
Quintilius! Dein erhabnes Wort beschämt mich!
Ich muß dich für die allzuraschen
Cherusker dringend um Verzeihung bitten,
Die eine Tat sogleich , aus Unbedacht geschehn,
Mit Rebellion fanatisch strafen wollten.
Mißgriffe, wie die vorgefallnen, sind
Auf einem Heereszuge unvermeidlich.
Laß diesen Irrtum, ich beschwöre dich,
Das Fest nicht stören, das mein Volk,
Zur Feier deines Einzugs, vorbereitet.
Gönn mir ein Wort zu Gunsten der Bedrängten,
Die deine Rache treffen soll:
Und weil sie bloß aus Unverstand gefehlt,
So schenk das Leben ihnen, laß sie frei!

Varus *(reicht ihm die Hand).*
Nun, Freund Armin; beim Jupiter, es gilt!
Nimm diese Hand, die ich dir reiche,
Auf immer hast du dir mein Herz gewonnen! –
Die Frevler, bis auf einen, sprech ich frei!
Man wird den Namen ihres Retters ihnen nennen,
Und hier im Staube sollen sie,
Das Leben dir, das mir verwirkt war, danken.

Den einen nur behalt ich mir bevor,
Der, dem ausdrücklichen Ermahnungswort zuwider,
Den ersten Schlag der Eiche zugefügt;
Der Herold hat es mehr denn zehnmal ausgerufen,
Daß diese Eichen heilig sind,
Und das Gesetz verurteilt ihn des Kriegs,
Das kein Gesuch entwaffnen kann, nicht ich.

Hermann.
– Wann du auf immer jeden Anlaß willst,
Der eine Zwistigkeit entflammen könnte,
Aus des Cheruskers treuer Brust entfernen,
So bitt ich, würdge diese Eichen,
Quintilius, würdge einger Sorgfalt sie.
Von ihnen her rinnt einzig fast die Quelle
Des Übels, das uns zu entzweien droht.
Laß irgend, was es sei, ein Zeichenbild zur Warnung,
Wenn du dein Lager wählst, bei diesen Stämmen pflanzen:
So hast du, glaub es mir, für immer
Den wackern Eingebornen dir verbunden.

Varus.
Wohlan! – Woran erkennt man diese Eichen?

Hermann.
An ihrem Alter und dem Schmuck der Waffen,
In ihres Wipfels Wölbung aufgehängt.

Varus.
Septimius Nerva!

Septimius *(tritt vor).* Was gebeut mein Feldherr?

Varus.
Laß eine Schar von Römern gleich
Sich in den Wald zerstreun, der diese Niederlassung,
Cheruskas Hauptplatz Teutoburg umgibt.
Bei jeder Eiche grauen Alters,
In deren Wipfel Waffen aufgehängt,
Soll eine Wache von zwei Kriegern halten,

Und jeden, der vorübergeht, belehren,
Daß Wodan in der Nähe sei.
Denn Wodan ist, daß ihrs nur wißt, ihr Römer,
Der Zeus der Deutschen, Herr des Blitzes
Diesseits der Alpen, so wie jenseits der;
Er ist der Gott, dem sich mein Knie sogleich,
Beim ersten Eintritt in dies Land, gebeugt;
Und kurz, Quintilius, euer Feldherr, will
Mit Ehrfurcht und mit Scheu, im Tempel dieser Wälder,
Wie den Olympier selbst, geehrt ihn wissen.

Septimius.
Man wird dein Wort, o Herr, genau vollziehn.

Varus *(zu Hermann).*
Bist du zufrieden, Freund?

Hermann. Du überfleuchst,
Quintilius, die Wünsche deines Knechts.

Varus *(nimmt ein Kissen, auf welchem Geschenke liegen, aus der Hand eines Sklaven, und bringt sie der Thusnelda).*
Hier, meine Fürstin, überreich ich dir,
Von August, meinem hohen Herrn,
Was er für dich mir jüngsthin zugesandt,
Es sind Gesteine, Perlen, Federn, Öle –
Ein kleines Rüstzeug, schreibt er, Kupidos.
August, erlauchte Frau, bewaffnet deine Schönheit,
Damit du Hermanns großes Herz,
Stets in der Freundschaft Banden ihm erhaltest.

Thusnelda *(empfängt das Kissen und betrachtet die Geschenke).*
Quintilius! Dein Kaiser macht mich stolz.
Thusnelda nimmt die Waffen an,
Mit dem Versprechen, Tag und Nacht,
Damit geschirrt, für ihn zu Feld zu ziehn.
(Sie übergibt das Kissen ihren Frauen.)

Varus *(zu Hermann).*
Hier stell ich Gueltar , Fust dir und Aristan,

Die tapfern Fürsten Deutschlands vor,
Die meinem Heereszug sich angeschlossen.
(Er tritt zurück und spricht mit Ventidius.)

Hermann *(indem er sich dem Fürsten der Cimbern nähert).*
Wir kennen uns, wenn ich nicht irre, Fust,
Aus Gallien, von der Schlacht des Ariovist.

Fust.
Mein Prinz, ich kämpfte dort an deiner Seite.

Hermann *(lebhaft).*
Ein schöner Tag, beim hohen Himmel,
An den dein Helmbusch lebhaft mich erinnert!
– Der Tag, an dem Germanien zwar
Dem Cäsar sank, doch der zuerst
Den Cäsar die Germanier schätzen lehrte.

Fust *(niedergeschlagen).*
Mir kam er teuer, wie du weißt, zu stehn.
Der Cimbern Thron, nicht mehr, nicht minder,
Den ich nur Augusts Gnade jetzt verdanke.

Hermann *(indem er sich zu dem Fürsten der Nervier wendet).*
Dich, Gueltar, auch sah ich an diesem Tag?

Gueltar.
Auf einen Augenblick. Ich kam sehr spät.
Mich kostet' er, wie dir bekannt sein wird,
Den Thron von Nervien; doch August hat
Mich durch den Thron von Äduen entschädigt.

Hermann *(indem er sich zu dem Fürsten der Ubier wendet).*
Wo war Aristan an dem Tag der Schlacht?

Aristan *(kalt und scharf).*
Aristan war in Ubien,
Diesseits des Rheines, wo er hingehörte.
Aristan hat das Schwert niemals
Den Cäsarn Roms gezückt, und er darf kühnlich sagen:

Er war ihr Freund, sobald sie sich
Nur an der Schwelle von Germania zeigten.

Hermann *(mit einer Verbeugung).*
Arminius bewundert seine Weisheit.
– Ihr Herrn, wir werden uns noch weiter sprechen.

(Ein Marsch in der Ferne.)

Sechster Auftritt

Ein Herold tritt auf, Bald darauf das Römerheer. Die Vorigen.

Der Herold *(zum Volk das zusammengelaufen).*
Platz hier, beliebts euch, ihr Cherusker!
Varus', des Feldherrn Roms, Liktoren
Nahn festlich an des Heeres Spitze sich!

Thusnelda.
Was gibts?

Septimius *(nähert sich ihr).*
Es ist das Römerheer,
Das seinen Einzug hält in Teutoburg!

Hermann *(zerstreut).*
Das Römerheer?
(Er beobachtet Varus und Ventidius, welche heimlich mit einander sprechen.)

Thusnelda. Wer sind die ersten dort?

Crassus.
Varus' Liktoren, königliche Frau,
Die des Gesetzes heilges Richtbeil tragen.

Thusnelda.
Das Beil? Wem! Uns?

Septimius. Vergib! Dem Heere,
Dem sie ins Lager feierlich voranziehn.

(Das Römerheer zieht in voller Pracht vorüber.)

Varus *(zu Ventidius)*.
Was also, sag mir an, was hab ich
Von jenem Hermann dort mir zu versehn?

Ventidius.
Quintilius! Das faß ich in zwei Worten!
Er ist ein Deutscher.
In einem Hämmling ist, der an der Tiber graset,
Mehr Lug und Trug, muß ich dir sagen,
Als in dem ganzen Volk, dem er gehört. –

Varus.
So kann ich, meinst du, dreist der Sueven Fürsten
Entgegenrücken? Habe nichts von diesem,
Bleibt er in meinem Rücken, zu befürchten?

Ventidius.
So wenig, wiederhol ich dir,
Als hier von diesem Dolch in meinem Gurt.

Varus.
Ich werde doch den Platz, in dem Cheruskerland,
Beschaun, nach des Augusts Gebot,
Auf welchem ein Kastell erbaut soll werden.
– Marbod ist mächtig, und nicht weiß ich,
Wie sich am Weserstrom das Glück entscheiden wird.
(Er sieht ihn fragend an.)

Ventidius.
Das lob ich sehr. Solch eine Anstalt
Wird stets, auch wenn du siegst, zu brauchen sein.

Varus.
Wieso? Meinst du vielleicht, die Absicht sei, Cheruska
Als ein erobertes Gebiet –?

Ventidius. Quintilius,
Die Absicht, dünkt mich, läßt sich fast erraten.

Varus.
– Ward dir etwa bestimmte Kund hierüber?

Ventidius.
Nicht, nicht! Mißhör mich nicht! Ich teile bloß,
Was sich in dieser Brust prophetisch regt, dir mit,
Und Freunde mir aus Rom bestätigen.

Varus.
Seis! Was bekümmerts mich? Es ist nicht meines Amtes
Den Willen meines Kaisers zu erspähn.
Er sagt ihn, wenn er ihn vollführt will wissen. –
Wahr ists, Rom wird auf seinen sieben Hügeln,
Vor diesen Horden nimmer sicher sein,
Bis ihrer kecken Fürsten Hand
Auf immerdar der Szepterstab entwunden.

Ventidius.
So denkt August, so denket der Senat.

Varus.
Laß uns in ihre Mitte wieder treten.

(Sie treten wieder zu Hermann und Thusnelda, welche, von Feldherrn und Fürsten umringt, dem Zuge des Heers zusehen.)

Thusnelda.
Septimius! Was bedeutet dieser Adler?

Septimius.
Das ist ein Kriegspanier, erhabne Frau!
Jedweder der drei Legionen
Fleucht solch metallnes Adlerbild voran.

Thusnelda.
So, so! Ein Kriegspanier! Sein Anblick hält
Die Scharen in der Nacht des Kampfs zusammen?

Septimius.
Du trafsts. Er führet sie den Pfad des Siegs. –

Thusnelda.
Wie jedes Land doch seine Sitte hat!
– Bei uns tut es der Chorgesang der Barden.

(Pause. Der Zug schließen die Musik schweigt.)

Hermann *(indem er sich zu dem Feldherrn Roms wendet).*
Willst du dich in das Zelt verfügen, Varus?
Ein Mahl ist, nach Cheruskersitte,
Für dich und dein Gefolge drin bereitet.

Varus.
Ich werde kurz jedoch mich fassen müssen.
(Er nimmt ihn vertraulich bei der Hand.)
Ventidius hat dir gesagt,
Wie ich den Plan für diesen Krieg entworfen?

Hermann.
Ich weiß um jeden seiner weisen Punkte.

Varus.
Ich breche morgen mit dem Römerheer
Aus diesem Lager auf, und übermorgen
Rückst du mit dem Cheruskervolk mir nach.
Jenseits der Weser, in des Feindes Antlitz,
Hörst du das Weitre. – Wünschest du vielleicht,
Daß ein geschickter Römerfeldherr,
Für diesen Feldzug, sich in dein Gefolge mische?
Sags dreist mir an. Du hast nur zu befehlen.

Hermann.
Quintilius, in der Tat, du wirst
Durch eine solche Wahl mich glücklich machen.

Varus.
Wohlan, Septimius, schick dich an,
Dem Kriegsbefehl des Königs zu gehorchen –
(Er wendet sich zu Crassus.)
Und daß die Teutoburg gesichert sei,
Indessen wir entfernt sind, laß ich, Crassus,
Mit drei Kohorten, dich darin zurück.
– Weißt du noch sonst was anzumerken, Freund?

Hermann.
Nichts, Feldherr Roms! Dir übergab ich alles,
So sei die Sorge auch, es zu beschützen, dein.

Varus *(zu Thusnelda).*
Nun, schöne Frau, so bitt ich – Eure Hand!
(Er führt die Fürstin ins Zelt.)

Hermann.
Holla, die Hörner! Dieser Tag
Soll für Cheruska stets ein Festtag sein!

(Hörnermusik. Alle ab.)

Vierter Akt

Szene: Marbods Zelt, im Lager der Sueven, auf dem rechten Ufer der Weser.

Erster Auftritt

Marbod, den Brief Hermanns, mit dem Dolch, in der Hand haltend. Neben ihm Attarin, sein Rat. Im Hintergrunde zwei Hauptleute. – Auf der andern Seite des Zeltes Luitgar mit Hermanns Kindern Rinold und Adelhart.

Marbod.
Was soll ich davon denken, Attarin?
– Arminius, der Cheruskerfürst,
Läßt mir durch jenen wackern Freund dort melden:
Varus sei ihm, auf Schutz und Trutz, verbunden,
Und werd, in dreien Tagen schon,
Mich am Gestad der Weser überfallen!
Der Bund, schreibt Hermann doch, sei ihm nur aufgedrungen,
Und stets im Herzen, nach wie vor,
Sei er der Römer unversöhnter Feind.
– Er ruft mich auf, verknüpft mit ihm,
Sogleich dem Mordverrat zuvor zu kommen,
Die Weser, angesichts des Blatts, zu überschiffen,
Und, im Morast des Teutoburger Walds,
Die ganze giftge Brut der Hölle zu vertilgen. –

Zum Preis mir, wenn der Sieg erfochten,
Will er zu Deutschlands Oberherrn mich krönen.
– Da, lies den Brief, den er mir zugefertigt!
Wars nicht so, Luitgar?

Luitgar. Allerdings! So sagt ich.

Attarin *(nachdem er den Brief genommen und gelesen).*
Mein Fürst, trau diesem Fuchs, ich bitte dich,
Dem Hermann, nicht! Der Himmel weiß,
Was er mit dieser schnöden List bezweckt.
Send ihm, Roms Cäsar so, wie er verdient, zu ehren,
Das Schreiben ohne Antwort heim,
Und melde Varus gleich den ganzen Inhalt!
Es ist ein tückischer, verrätrischer Versuch
Das Bündnis, das euch einigt, zu zerreißen.
(Er gibt ihm den Brief zurück.)

Marbod.
Was! List! Verräterei! – Da schicket er
Den Rinold und den Adelhart,
Die beiden Knaben mir, die ihm sein Weib gebar,
Und diesen Dolch hier, sie zu töten,
Wenn sich ein Trug in seinen Worten findet.

Attarin *(wendet sich).*
Wo?

Marbod.
Dort!

Attarin. Das wären des Arminius Kinder?

Marbod.
Arminius', allerdings! Ich glaub du zweifelst?
In Teutoburg vor sieben Monden,
Als ich den Staatenbund verhandeln wollte,
Hab ich die Jungen, die dort stehn,
Wie oft an diese alte Brust gedrückt!

Attarin.
Vergib, o Herr, das sind die Knaben nicht!
Das sind zwei unterschobene, behaupt ich,
An Wuchs den echten Prinzen ähnlich bloß.
Laß die Verräterbrut gleich in Verwahrsam bringen,
Und ihn, der sie gebracht dir hat, dazu!

(Pause.)

Marbod *(nachdem er die Knaben aufmerksam betrachtet).*
Rinold!
(Er setzt sich nieder.)

Rinold *(tritt dicht vor ihn).*

Marbod. Nun, was auch willst du mir? Wer rief dich?

Rinold *(sieht ihn an).*
Je, nun!

Marbod. Je, nun! – Den andern meint ich, Rinold!
(Er winkt den Adelhart.)

Adelhart *(tritt gleichfalls vor ihn).*

Marbod *(nimmt ihn bei der Hand).*
Nicht? Nicht? Du bist der Rinold? Allerdings!

Adelhart.
Ich bin der Adelhart.

Marbod. – So? Bist du das.
(Er stellt die beiden Knaben neben einander und scheint sie zu prüfen.)
Nun, Jungen, sagt mir; Rinold! Adelhart!
Wie stehts in Teutoburg daheim,
Seit ich, vergangnen Herbst her, euch nicht sah?
– Ihr kennt mich doch?

Rinold. O ja.

Marbod. – Ich bin der Holtar,
Der alte Kämmrer, im Gefolge Marbods,

Der euch, kurz vor der Mittagsstunde,
Stets in des Fürsten Zelt herüber brachte.

Rinold.
Wer bist du?

Marbod. Was! Das wißt ihr nicht mehr? Holtar,
Der euch mit glänzgem Perlenmutter,
Korallen und mit Bernstein noch beschenkte.

Rinold *(nach einer Pause).*
Du trägst ja Marbods eisern' Ring am Arm.

Marbod.
Wo?

Rinold.
Hier!

Marbod. Trug Marbod diesen Ring damals?

Rinold.
Marbod?

Marbod. Ja, Marbod, frag ich, mein Gebieter.

Rinold.
Ach, Marbod! Was! Freilich trugst du den Ring!
Du sagtest, weiß ich noch, auf Vater Hermanns Frage,
Du hättest ein Gelübd getan,
Und müßtest an dem Arm den Ring von Eisen tragen,
So lang ein römischer Mann in Deutschland sei.

Marbod.
Das hätt ich – wem? Euch? Nein, das hab ich nicht –!

Rinold.
Nicht uns! Dem Hermann!

Marbod. Wann?

Rinold. Am ersten Mittag,
Als Holtar beid in dein Gezelt uns brachte.

(Marbod sieht den Attarin an.)

Attarin *(der die Knaben aufmerksam beobachtet).*
Das ist ja sonderbar, so wahr ich lebe!
(Er nimmt Hermanns Brief noch einmal und überliest ihn. Pause.)

Marbod *(indem er gedankenvoll in den Haaren der Knaben spielt).*
Ist denn, den Weserstrom zu überschiffen,
Vorläufig eine Anstalt schon gemacht?

Einer der beiden Hauptleute *(vortretend).*
Mein Fürst, die Kähne liegen, in der Tat,
Zusamt am rechten Ufer aufgestellt.

Marbod.
Mithin könnt ich – *wenn* ich den Entschluß faßte,
Gleich, in der Tat, wie Hermann wünscht,
Des Stromes andern Uferrand gewinnen.

Der Hauptmann.
Warum nicht? In drei Stunden, wenn du willst.
Der Mond erhellt die Nacht; du hättest nichts,
Als den Entschluß nur schleunig zu erklären.

Attarin *(unruhig).*
Mein Herr und Herrscher, ich beschwöre dich,
Laß zu nichts Übereiltem dich verführen!
Armin ist selbst hier der Betrogene!
Nach dem, wie sich Roms Cäsar zeigte,
Wärs eine Raserei, zu glauben,
Er werde den Cheruskern sich verbinden.
Hat er mit Waffen dich, dich nicht mit Geld versehn,
In ihre Staaten feindlich einzufallen?
Stählt man die Brust, die man durchbohren will?
Dein Lager ist von Römern voll,
Der herrlichsten Patrizier Söhnen,
Die hergesandt, dein Heer die Bahn des Siegs zu führen;
Die dienen dir, für Augusts Wort,
Als Geißel, Herr, und würden ja
Zusamt ein Opfer deiner Rache fallen,

Wenn ein so schändlicher Verrat dich träfe.
– Beschließe nichts, ich bitte dich,
Bis dir durch Fulvius, den Legaten Roms,
Von Varus' Plänen näh're Kunde ward.

(Pause.)

Marbod.
Ich will den Fulvius mindestens
Gleich über diese Sache doch vernehmen.
(Er steht auf und klingelt.)

Zweiter Auftritt

Komar tritt auf. Die Vorigen.

Marbod.
Den Fulvius Lepidus, Legaten Roms,
Ersuch ich, einen Augenblick,
In diesem Zelt, sein Antlitz mir zu schenken.

Komar.
Den Fulvius? Vergib! Der wird nicht kommen;
Er hat soeben, auf fünf Kähnen,
Sich mit der ganzen Schar von Römern eingeschifft,
Die dein Gefolg bis heut vergrößerten. –
Hier ist ein Brief, den er zurückgelassen.

Marbod.
Was sagst du mir?

Attarin. Er hat, mit allen Römern –?

Marbod.
Wohin mit diesem Troß, jetzt, da die Nacht kömmt?

Komar.
In das Cheruskerland, dem Anschein nach.
Er ist am andern Weserufer schon,
Wo Pferde stehen, die ihn weiter bringen.

Attarin.
– Gift, Tod und Rache! Was bedeutet dies?

Marbod *(liest).*
„Du hast für Rom dich nicht entscheiden können,
Aus voller Brust, wie du gesollt:
Rom, der Bewerbung müde, gibt dich auf.
Versuche jetzt (es war dein Wunsch) ob du
Allein den Herrschthron dir in Deutschland kannst errichten.
August jedoch, daß du es wissest,
Hat den Armin auf seinem Sitz erhöht,
Und dir – die Stufen jetzo weist er an!"
(Er läßt den Brief fallen.)

Attarin.
Verräterei! Verräterei!
Auf! Zu den Kähnen an der Weser!
Setzt dem Verfluchten nach und bringt ihn her!

Marbod.
Laß, laß ihn, Freund! Er läuft der Nemesis,
Der er entfliehen will, entgegen!
Das Rachschwert ist schon über ihn gezückt!
Er glaubte, *mir* die Grube zu eröffnen,
Und selbst, mit seiner ganzen Rotte,
Zur neunten Hölle schmetternd stürzt er nieder!
– Luitgar!

Luitgar. Mein erlauchter Herr!

Marbod. Tritt näher! –
Wo ist, sag an, wollt ich die Freiheitsschlacht versuchen,
Nach des Arminius Kriegsentwurf,
Der Ort, an dem die Würfel fallen sollen?

Luitgar.
Das ist der Teutoburger Wald, mein König.

Marbod.
Und welchen Tag, unfehlbar und bestimmt,
Hat er zum Fall der Würfel festgesetzt?

Luitgar.
Den Nornentag, mein königlicher Herr.

Marbod *(indem er ihm die Kinder gibt und den Dolch zerbricht).*
Wohlan, dein Amt ist aus, hier nimm die Kinder,
Und auch, in Stücken, deinen Dolch zurück!
Den Brief auch – *(indem er ihn durchsieht)* kann ich nur zur Hälfte brauchen;
(Er zerreißt ihn.)
Den Teil, der mir von seiner Huldgung spricht,
Als einem Oberherrn, den lös ich ab. –
Triffst du ihn ehr, als ich, so sagst du ihm,
Zu Worten hätt ich keine Zeit gehabt:
Mit Taten würd ich ihm die Antwort schreiben!

Luitgar *(indem er den Dolch und die Stücke des Briefes übernimmt).*
Wenn ich dich recht verstehe, mein Gebieter –?

Marbod *(zu den Feldherren).*
Auf, Komar! Brunold! Meine Feldherrn!
Laßt uns den Strom sogleich der Weser überschiffen!
Die Nornen werden ein Gericht,
Des Schicksals fürchterliche Göttinnen,
Im Teutoburger Wald, dem Heer des Varus halten:
Auf, mit der ganzen Macht, ihr Freunde,
Daß wir das Amt der Schergen übernehmen!

(Alle ab.)

Szene: Straße in Teutoburg. Es ist Nacht.

Dritter Auftritt

Hermann und Eginhardt treten auf.

Hermann.
Tod und Verderben, sag ich, Eginhardt!
Woher die Ruh, woher die Stille,
In diesem Standplatz römscher Kriegerhaufen?

Eginhardt.
Mein bester Fürst, du weißt, Quintilius Varus zog
Heut mit des Heeres Masse ab.
Er ließ, zum Schutz in diesem Platz,

Nicht mehr, als drei Kohorten nur, zurück.
Die hält man ehr in Zaum, als so viel Legionen,
Zumal, wenn sie so wohlgewählt, wie die.

Hermann.
Ich aber rechnete, bei allen Rachegöttern,
Auf Feuer, Raub, Gewalt und Mord,
Und alle Greul des fessellosen Krieges!
Was brauch ich Latier, die mir Gutes tun?
Kann ich den Römerhaß, eh ich den Platz verlasse,
In der Cherusker Herzen nicht
Daß er durch ganz Germanien schlägt, entflammen:
So scheitert meine ganze Unternehmung!

Eginhardt.
Du hättest Wolf, dünkt mich, und Thuskar und den andern
Doch dein Geheimnis wohl entdecken sollen.
Sie haben, als die Römer kamen,
Mit Flüchen, gleich die Teutoburg verlassen.
Wie gut, wenn deine Sache siegt,
Hättst du in Deutschland sie gebrauchen können.

Hermann.
Die Schwätzer, die! Ich bitte dich;
Laß sie zu Hause gehn. –
Die schreiben, Deutschland zu befreien,
Mit Chiffern, schicken, mit Gefahr des Lebens,
Einander Boten, die die Römer hängen,
Versammeln sich um Zwielicht – essen, trinken,
Und schlafen, kommt die Nacht, bei ihren Frauen.
Wolf ist der einzge, der es redlich meint.

Eginhardt.
So wirst du doch den Flambert mindestens,
Den Torst und Alarich und Singar,
Die Fürsten an des Maines Ufer,
Von deinem Wagstück staatsklug unterrichten?

Hermann.
Nichts, Liebster! Nenne mir die Namen nicht!
Meinst du, die ließen sich bewegen,
Auf meinem Flug mir munter nachzuschwingen?
Eh das von meinem Maultier würd ich hoffen.
Die Hoffnung: morgen stirbt Augustus!
Lockt sie, bedeckt mit Schmach und Schande,
Von einer Woche in die andere. –
Es braucht der Tat, nicht der Verschwörungen.
Den Widder laß sich zeigen, mit der Glocke,
So folgen, glaub mir, alle anderen.

Eginhardt.
So mög der Himmel dein Beginnen krönen!

Hermann.
Horch! Still!

Eginhardt. Was gibts?

Hermann. Rief man nicht dort Gewalt?

Eginhardt.
Nein, mein erlauchter Herr! Ich hörte nichts,
Es war die Wache, die die Stunden rief.

Hermann.
Verflucht sei diese Zucht mir der Kohorten!
Ich stecke, wenn sich niemand rührt,
Die ganze Teutoburg an allen Ecken an!

Eginhardt.
Nun, nun! Es wird sich wohl ein Frevel finden.

Hermann.
Komm, laß uns heimlich durch die Gassen schleichen,
Und sehn ob uns der Zufall etwas beut.

(Beide ab.)

Vierter Auftritt

Ein Auflauf. – Zuerst ein Greis und andere, bald darauf zwei Cherusker, welche eine Person aufführen, die ohnmächtig ist. Fackeln. Volk jeden Alters und Geschlechts.

Der Greis *(mit aufgehobenen Händen).*
Wodan, den Blitz regierst du, in den Wolken:
Und ein Greul, entsetzensvoll,
Wie den, läßt du auf Erden sich verüben!

Ein junges Mädchen.
Mutter, was gibts?

Ein Anderes. Was läuft das Volk zusammen?

Die Mutter *(mit einem Kinde an der Brust).*
Nichts, meine Töchter, nichts! Was fragt ihr doch?
Ein Mensch, der auf der offnen Straß erkrankte,
Wird von den Freunden hier vorbeigeführt.

Ein Mann *(indem er auftritt).*
Habt ihr gesehn? Den jungen Römerhauptmann,
Der plötzlich, mit dem Federbusch, erschien?

Ein Anderer.
Nein, Freund! Von wo?

Ein Dritter. Was tat er?

Der Mann. Was er tat?
Drei'n dieser geilen apenninschen Hunden,
Als man die Tat ihm meldete,
Hat er das Herz gleich mit dem Schwert durchbohrt!

Der Greis.
Vergib mir, Gott! ich kann es ihm nicht danken!

Ein Weib *(aus dem Haufen).*
Da kommt die Unglücksel'ge schon heran!

(Die Person, von zwei Cheruskern geführt, erscheint.)

Der Greis.
Hinweg die Fackeln!

Das Volk. Seht, o seht!

Der Greis. Hinweg!
– Seht ihr nicht, daß die Sonne sich verbirgt?

Das Volk.
O des elenden, schmachbedeckten Wesens!
Der fußzertretnen, kotgewälzten,
An Brust und Haupt, zertrümmerten Gestalt.

Einige Stimmen.
Wer ists? Ein Mann? Ein Weib?

Der Cherusker *(der die Person führt).*
Fragt nicht, ihr Leute,
Werft einen Schleier über die Person!
(Er wirft ein großes Tuch über sie.)

Der zweite Cherusker *(der sie führt).*
Wo ist der Vater?

Eine Stimme *(aus dem Volke).*
Der Vater ist der Teuthold!

Der zweite Cherusker.
Der Teuthold, Helgars Sohn, der Schmied der Waffen?

Mehrere Stimmen.
Teuthold, der Schmied, er, ja!

Der zweite Cherusker. Ruft ihn herbei!

Das Volk.
Da tritt er schon, mit seinen Vettern, auf!

Fünfter Auftritt

Teuthold und zwei andre Männer treten auf.

Der zweite Cherusker.
Teuthold, heran!

Teuthold. Was gibts?

Der zweite Cherusker. Heran hier, sag ich! –
Platz, Freunde, bitt ich! Laßt den Vater vor!

Teuthold.
Was ist geschehn?

Der zweite Cherusker.
Gleich, gleich! – Hier stell dich her!
Die Fackeln! He, ihr Leute! Leuchtet ihm!

Teuthold.
Was habt ihr vor?

Der zweite Cherusker.
Hör an und faß dich kurz.
Kennst du hier die Person?

Teuthold. Wen, meine Freunde?

Der zweite Cherusker.
Hier, frag ich, die verschleierte Person?

Teuthold.
Nein! Wie vermöcht ich das? Welch ein Geheimnis!

Der Greis.
Du kennst sie nicht?

Der erste der beiden Vettern.
Darf man den Schleier lüften?

Der erste Cherusker.
Halt, sag ich dir! Den Schleier rühr nicht an!

Der zweite Vetter.
Wer die Person ist, fragt ihr?
(Er nimmt eine Fackel und beleuchtet ihre Füße.)

Teuthold. Gott im Himmel!
Hally, mein Einziges, was widerfuhr dir?

(Der Greis führt ihn auf die Seite und sagt ihm etwas ins Ohr. Teuthold steht, wie vom Donner gerührt. Die Vettern, die ihm gefolgt waren, erstarren gleichfalls. Pause.)

Der zweite Cherusker.
Genug! Die Fackeln weg! Führt sie ins Haus!
Ihr aber eilt den Hermann herzurufen!

Teuthold *(indem er sich plötzlich wendet).*
Halt dort!

Der erste Cherusker.
Was gibts?

Teuthold. Halt, sag ich, ihr Cherusker!
Ich will sie führen, wo sie hingehört.
(Er zieht den Dolch.)
– Kommt, meine Vettern, folgt mir!

Der zweite Cherusker. Mann, was denkst du?

Teuthold *(zu den Vettern).*
Rudolf, du nimmst die Rechte, Ralf, die Linke!
– Seid ihr bereit, sagt an?

Die Vettern *(indem sie die Dolche ziehn).*
Wir sinds! Brich auf!

Teuthold *(bohrt sie nieder).*
Stirb! Werde Staub! Und über deiner Gruft
Schlag ewige Vergessenheit zusammen!

(Sie fällt, mit einem kurzen Laut, übern Haufen.)

Das Volk.
Ihr Götter!

Der erste Cherusker *(fällt ihm in den Arm).*
Ungeheuer! Was beginnst du?

Eine Stimme *(aus dem Hintergrunde).*
Was ist geschehn?

Eine Andere. Sprecht!

Eine Dritte. Was erschrickt das Volk?

Das Volk *(durcheinander).*
Weh! Weh! Der eigne Vater hat, mit Dolchen,
Die eignen Vettern, sie in Staub geworfen!

Teuthold *(indem er sich über die Leiche wirft).*
Hally! Mein Einzges! Hab ichs recht gemacht?

Sechster Auftritt

Hermann und Eginhardt treten auf. Die Vorigen.

Der zweite Cherusker.
Komm her, mein Fürst, schau diese Greuel an!

Hermann.
Was gibts?

Der erste Cherusker.
Was! Fragst du noch? Du weißt von nichts?

Hermann.
Nichts, meine Freund! Ich komm aus meinem Zelte.

Eginhardt.
Sagt, was erschreckt euch?

Der zweite Cherusker *(halblaut).*
Eine ganze Meute
Von geilen Römern, die den Platz durchschweifte,
Hat bei der Dämmrung schamlos eben jetzt –

Hermann *(indem er ihn vorführt).*
Still, Selmar, still! Die Luft, du weißt, hat Ohren.
– Ein Römerhaufen?

Eginhardt. Ha! Was wird das werden?

(Sie sprechen heimlich zusammen. Pause.)

Hermann *(mit Wehmut, halblaut).*
Hally? Was sagst du mir! Die junge Hally?

Der zweite Cherusker.
Hally, Teutholds, des Schmieds der Waffen, Tochter!
– Da liegt sie jetzt, schau her, mein Fürst,
Von ihrem eignen Vater hingeopfert!

Eginhardt *(vor der Leiche).*
Ihr großen, heiligen und ewgen Götter!

Der erste Cherusker.
Was wirst du nun, o Herr, darauf beschließen?

Hermann *(zum Volke).*
Kommt, ihr Cherusker! Kommt, ihr Wodankinder!
Kommt, sammelt euch um mich und hört mich an!

(Das Volk umringt ihn; er tritt vor Teuthold.)

Teuthold, steh auf!

Teuthold *(am Boden).* Laß mich!

Hermann. Steh auf, sag ich!

Teuthold.
Hinweg! Des Todes ist, wer sich mir naht.

Hermann.
– Hebt ihn empor, und sagt ihm, wer ich sei.

Der zweite Cherusker.
Steh auf, unsel'ger Alter!

Der erste Cherusker. Fasse dich!

Der zweite Cherusker.
Hermann, dein Rächer ists, der vor dir steht.

(Sie heben ihn empor.)

Teuthold.
Hermann, mein Rächer, sagt ihr? – Kann er Rom,
Das Drachennest, vom Erdenrund vertilgen?

Hermann.
Ich kanns und wills! Hör an, was ich dir sage.

Teuthold *(sieht ihn an).*
Was für ein Laut des Himmels traf mein Ohr?

Die beiden Vettern.
Du kannsts und willsts?

Teuthold. Gebeut! Sprich! Red, o Herr!
Was muß geschehn? Wo muß die Keule fallen?

Hermann.
Das hör jetzt, und erwidre nichts. –
Brich, Rabenvater, auf, und trage, mit den Vettern,
Die Jungfrau, die geschändete,
In einen Winkel deines Hauses hin!
Wir zählen funfzehn Stämme der Germanen;
In funfzehn Stücke, mit des Schwertes Schärfe,
Teil ihren Leib, und schick mit funfzehn Boten,
Ich will dir funfzehn Pferde dazu geben,
Den funfzehn Stämmen ihn Germaniens zu.
Der wird in Deutschland, dir zur Rache,
Bis auf die toten Elemente werben:
Der Sturmwind wird, die Waldungen durchsausend,
Empörung! rufen, und die See,
Des Landes Ribben schlagend, Freiheit! brüllen.

Das Volk.
Empörung! Rache! Freiheit!

Teuthold. Auf! Greift an!
Bringt sie ins Haus, zerlegt in Stücken sie!

(Sie tragen die Leiche fort.)

Hermann.
Komm, Eginhardt! Jetzt hab ich nichts mehr

An diesem Ort zu tun! Germanien lodert:
Laß uns den Varus jetzt, den Stifter dieser Greuel,
Im Teutoburger Walde suchen!

(Alle ab.)

Szene: Hermanns Zelt,

Siebenter Auftritt

Hermann tritt auf, mit Schild und Spieß. Hinter ihm Septimius. – Gefolge.

Hermann.
Hast du die neuste Einrichtung getroffen?
Mir das Cheruskerheer, das vor den Toren liegt,
Nach Römerart, wie du versprachst,
In kleinere Manipeln abgeteilt?

Septimius.
Mein Fürst, wie konnt ich? Deine deutschen Feldherrn
Versicherten, du wolltest selbst,
Bei dieser Neuerung zugegen sein.
Ich harrte, vor dem Tor, bis in die Nacht auf dich;
Doch du – warum? nicht weiß ich es – bliebst aus.

Hermann.
Was! So ist alles noch im Heer, wie sonst?

Septimius.
Auf jeden Punkt; wie könnt es anders?
Es ließ sich, ohne dich, du weißt, nichts tun.

Hermann.
Das tut mir leid, Septimius, in der Tat!
Mich hielt ein dringendes Geschäft
Im Ort zurück: du würdest, glaubt ich,
Auch ohne mich hierin verfügen können.
Nun – wird es wohl beim alten bleiben müssen.
Der Tag bricht an; hast du das Heer,
Dem Plan gemäß, zum Marsch nach Arkon,
Dem Teutoburger Waldplatz angeschickt?

Septimius.
Es harrt nur deines Worts, um anzutreten.

Hermann *(indem er einen Vorhang lüftet).*
– Ich denk, es wird ein schöner Tag heut werden?

Septimius.
Die Nacht war heiß, ich fürchte ein Gewitter.

(Pause.)

Hermann.
Nun, sei so gut, verfüg dich nur voran!
Von meinem Weib nur will ich Abschied nehmen,
Und folg, in einem Augenblick, dir nach!

(Septimius ab.)

(Zu dem Gefolge.)
Auf, folgt ihm, und verlaßt ihn nicht!
Und jegliche Gemeinschaft ist,
Des Heers mit Teutoburg, von jetzt streng aufgehoben.

(Das Gefolge ab.)

Achter Auftritt

Hermann *(nachdem er Schild und Spieß weggelegt).*
Nun wär ich fertig, wie ein Reisender.
Cheruska, wie es steht und liegt,
Kommt mir, wie eingepackt in eine Kiste, vor:
Um einen Wechsel könnt ich es verkaufen.
Denn käms heraus, daß ich auch nur
Davon geträumt, Germanien zu befrein:
Roms Feldherr steckte gleich mir alle Plätze an,
Erschlüge, was die Waffen trägt,
Und führte Weib und Kind gefesselt übern Rhein.
August straft den Versuch, so wie die Tat!
(Er zieht eine Klingel; ein Trabant tritt auf.)
Ruf mir die Fürstin!

Der Trabant. Hier erscheint sie schon!

Neunter Auftritt

Hermann und Thusnelda.

Hermann *(nimmt einen Brief aus dem Busen).*
Nun, Thuschen, komm; ich hab dir was zu sagen.

Thusnelda *(ängstlich).*
Sag, liebster Freund, ums Himmelswillen,
Welch ein Gerücht läuft durch den Lagerplatz?
Ganz Teutoburg ist voll, es würd, in wenig Stunden,
Dem Crassus, der Kohorten Führer,
Ein fürchterliches Blutgericht ergehn!
Dem Tode, wär die ganze Schar geweiht,
Die als Besatzung hier zurückgeblieben.

Hermann.
Ja! Kind, die Sach hat ihre Richtigkeit.
Ich warte nur auf Astolf noch,
Deshalb gemeßne Order ihm zu geben.
Sobald ich Varus' Heer, beim Strahl des nächsten Tages,
Im Teutoburger Wald erreicht,
Bricht Astolf hier im Ort dem Crassus los;
Die ganze Brut, die in den Leib Germaniens
Sich eingefilzt, wie ein Insektenschwarm,
Muß durch das Schwert der Rache jetzo sterben.

Thusnelda.
Entsetzlich! – Was für Gründe, sag mir,
Hat dein Gemüt, so grimmig zu verfahren?

Hermann.
Das muß ich dir ein andermal erzählen.

Thusnelda.
Crassus, mein liebster Freund, mit allen Römern –?

Hermann.
Mit allen, Kind; nicht einer bleibt am Leben!
Vom Kampf, mein Thuschen, übrigens,
Der hier im Ort gekämpft wird werden,

Hast du auch nicht das Mindeste zu fürchten;
Denn Astolf ist dreimal so stark, als Crassus;
Und überdies noch bleibt ein eigner Kriegerhaufen,
Zum Schutze dir, bei diesem Zelt zurück.

Thusnelda.
Crassus? Nein, sag mir an! Mit allen Römern –?
Die Guten mit den Schlechten, rücksichtslos?

Hermann.
Die Guten mit den Schlechten. – Was! Die Guten!
Das sind die Schlechtesten! Der Rache Keil
Soll sie zuerst, vor allen andern, treffen!

Thusnelda.
Zuerst! Unmenschlicher! Wie mancher ist,
Dem wirklich Dankbarkeit du schuldig bist –?

Hermann.
– Daß ich nicht wüßte! Wem?

Thusnelda. Das fragst du noch!

Hermann.
Nein, in der Tat, du hörst; ich weiß von nichts.
Nenn einen Namen mir?

Thusnelda. Dir einen Namen!
So mancher einzelne, der, in den Plätzen,
Auf Ordnung hielt, das Eigentum beschützt –

Hermann.
Beschützt! Du bist nicht klug! Das taten sie,
Es um so besser unter sich zu teilen.

Thusnelda *(mit steigender Angst)*.
Du Unbarmherzger! Ungeheuerster!
– So hätt auch der Centurio,
Der, bei dem Brande in Thuiskon jüngst
Die Heldentat getan, dir kein Gefühl entlockt?

Hermann.
Nein – Was für ein Centurio?

Thusnelda. Nicht? Nicht?
Der junge Held, der, mit Gefahr des Lebens,
Das Kind, auf seiner Mutter Ruf,
Dem Tod der Flammen mutig jüngst entrissen? –
Er hätte kein Gefühl der Liebe dir entlockt?

Hermann *(glühend).*
Er sei verflucht, wenn er mir das getan!
Er hat, auf einen Augenblick,
Mein Herz veruntreut, zum Verräter
An Deutschlands großer Sache mich gemacht!
Warum setzt' er Thuiskon mir in Brand?
Ich *will* die höhnische Dämonenbrut nicht lieben!
So lang sie in Germanien trotzt,
Ist Haß mein Amt und meine Tugend Rache!

Thusnelda *(weinend).*
Mein liebster, bester Herzens-Hermann,
Ich bitte dich um des Ventidius Leben!
Das eine Haupt nimmst du von deiner Rache aus!
Laß, ich beschwöre dich, laß mich ihm heimlich melden,
Was über Varus du verhängt:
Mag er ins Land der Väter rasch sich retten!

Hermann.
Ventidius? Nun gut. – Ventidius Carbo?
Nun denn, es sei! – Weil es mein Thuschen ist,
Die für ihn bittet, mag er fliehn:
Sein Haupt soll meinem Schwert, so wahr ich lebe,
Um dieser schönen Regung heilig sein!

Thusnelda *(sie küßt seine Hand).*
O Hermann! Ist es wirklich wahr? O Hermann!
Du schenkst sein Leben mir?

Hermann. Du hörst. Ich schenks ihm.
Sobald der Morgen angebrochen,

Steckst du zwei Wort ihm heimlich zu,
Er möchte gleich sich übern Rheinstrom retten;
Du kannst ihm Pferd aus meinen Ställen schicken,
Daß er den Tagesstrahl nicht mehr erschaut.

Thusnelda.
O Liebster mein! Wie rührst du mich! O Liebster!

Hermann.
Doch eher nicht, hörst du, das bitt ich sehr,
Als bis der Morgen angebrochen!
Eh auch mit Mienen nicht verrätst du dich!
Denn alle andern müssen unerbittlich,
Die schändlichen Tyrannenknechte, sterben:
Der Anschlag darf nicht etwa durch ihn scheitern!

Thusnelda *(indem sie sich die Tränen trocknet).*
Nein, nein; ich schwörs dir zu! Kurz vor der Sonn erst!
Kurz vor der Sonn erst soll er es erfahren!

Hermann.
So, wenn der Mond entweicht. Nicht eh, nicht später.

Thusnelda.
Und daß der Jüngling auch nicht etwa,
Der törichte, um dieses Briefs,
Mit einem falschen Wahn sich schmeichele,
Will ich den Brief in deinem Namen schreiben;
Ich will, mit einem höhnschen Wort ihm sagen:
Bestimmt wär er, die Post vom Untergang des Varus
Nach Rom, an seinen Kaiserhof, zu bringen!

Hermann *(heiter).*
Das tu. Das ist sehr klug. – Sieh da, mein schönes Thuschen!
Ich muß dich küssen. –
Doch, was ich sagen wollte – –
Hier ist die Locke wieder, schau,
Die er dir jüngst vom Scheitel abgelöst,
Sie war, als eine Probe deiner Haare,
Schon auf dem Weg nach Rom; jedoch ein Schütze bringt,

Der in den Sand den Boten streckte,
Sie wieder in die Hände mir zurück.
(Er gibt ihr den Brief, worin die Locke eingeschlagen.)

Thusnelda *(indem sie den Brief entfaltet).*
Die Lock? O was! Um die ich ihn verklagt?

Hermann.
Dieselbe, ja!

Thusnelda. Sieh da! Wo kommt sie her?
Du hast sie dem Arkadier abgefordert?

Hermann.
Ich? O behüte!

Thusnelda. Nicht? – Ward sie gefunden?

Hermann.
Gefunden, ja, in einem Brief, du siehst,
Den er nach Rom hin, gestern früh,
An Livia, seine Kaisrin, abgefertigt.

Thusnelda.
In einem Brief? An Kaiserin Livia?

Hermann.
Ja, lies die Aufschrift nur. Du hältst den Brief.
(Indem er mit dem Finger zeigt.)
„An Livia, Roms große Kaiserin."

Thusnelda.
Nun? Und?

Hermann. Nun? Und?

Thusnelda. – Freund, ich versteh kein Wort!
– Wie kamst du zu dem Brief? Wer gab ihn dir?

Hermann.
Ein Zufall, Thuschen, hab ich schon gesagt!
Der Brief, mit vielen andern noch,
Ward einem Boten abgejagt,

Der nach Italien ihn bringen sollte.
Den Boten warf ein guter Pfeilschuß nieder,
Und sein Paket, worin die Locke,
Hat mir der Schütze eben überbracht.

Thusnelda.
Das ist ja seltsam, das, so wahr ich lebe! –
Was sagt Ventidius denn darin?

Hermann. Er sagt
Laß sehn! Ich überflog ihn nur. Was sagt er?
(Er guckt mit hinein.)

Thusnelda *(liest)*.
„Varus, o Herrscherin, steht, mit den Legionen,
Nun in Cheruska siegreich da;
Cheruska, faß mich wohl, der Heimat jener Locken,
Wie Gold so hell und weich wie Seide,
Die dir der heitre Markt von Rom verkauft.
Nun bin ich jenes Wortes eingedenk,
Das deinem schönen Mund, du weißt,
Als ich zuletzt dich sah, im Scherz entfiel.
Hier schick ich von dem Haar, das ich dir zugedacht,
Und das sogleich, wenn Hermann sinkt,
Die Schere für dich ernten wird,
Dir eine Probe zu, mir klug verschafft;
Beim Styx! so legts am Kapitol,
Phaon, der Krämer, dir nicht vor:
Es ist vom Haupt der ersten Frau des Reichs,
Vom Haupt der Fürstin selber der Cherusker!"
– Ei der Verfluchte!
(Sie sieht Hermann an, und wieder in den Brief hinein.)
Nein, ich las wohl falsch?

Hermann.
Was?

Thusnelda.
Was!

Hermann. – Stehts anders in dem Briefe da?
Er sagt –:

Thusnelda. „Hier schick ich von dem Haar“, sagt er,
„Das ich dir zugedacht, und das sogleich,
Wenn Hermann sinkt – die Schere für dich ernten wird –“
(Die Sprache geht ihr aus.)

Hermann.
Nun ja; er will –! Verstehst dus nicht?

Thusnelda *(sie wirft sich auf einen Sessel nieder).*
O Hertha!
Nun mag ich diese Sonne nicht mehr sehn.
(Sie verbirgt ihr Haupt.)

Hermann *(leise, flüsternd).*
Thuschen! Thuschen! Er ist ja noch nicht fort.
(Er folgt ihr und ergreift ihre Hand.)

Thusnelda.
Geh, laß mich sein.

Hermann *(beugt sich ganz über sie).*
Heut, wenn die Nacht sinkt, Thuschen,
Schlägt dir der Rache süße Stunde ja!

Thusnelda.
Geh, geh, ich bitte dich! Verhaßt ist alles,
Die Welt mir, du mir, ich: laß mich allein!

Hermann *(er fällt vor ihr nieder).*
Thuschen! Mein schönes Weib! Wie rührst du mich!

(Kriegsmusik draußen.)

Zehnter Auftritt

Eginhardt und Astolf treten auf. Die Vorigen.

Eginhardt.
Mein Fürst, die Hörner rufen dich! Brich auf!

Du darfst, willst du das Schlachtfeld noch erreichen,
Nicht, wahrlich! einen Augenblick mehr säumen.

Hermann *(steht auf)*.
Gertrud!

Eginhardt.
Was fehlt der Königin?

Hermann. Nichts, nichts!

(Die Frauen der Thusnelda treten auf.)

Hier! Sorgt für eure Frau! Ihr seht, sie weint.
(Er nimmt Schild und Spieß.)
Astolf ist von dem Kriegsplan unterrichtet?

Eginhardt.
Er weiß von allem.

Hermann *(zu Astolf)*. Sechshundert Krieger bleiben dir
In Teutoburg zurück, und ein Gezelt mit Waffen,
Cheruskas ganzes Volk damit zu rüsten.
Teuthold bewaffnest, und die Seinen, du,
Um Mitternacht, wenn alles schläft, zuerst.
Sobald der Morgen dämmert, brichst du los.
Crassus und alle Führer der Kohorten,
Suchst du in ihren Zelten auf;
Den Rest des Haufens fällst du, gleichviel, wo?
Auch den Ventidius empfehl ich dir.
Wenn hier in Teutoburg der Schlag gefallen,
Folgst du, mit deinem ganzen Troß,
Mir nach dem Teutoburger Walde nach;
Dort wirst du weiteren Befehl erhalten.
Hast du verstanden?

Astolf. Wohl, mein erlauchter Herr.

Eginhardt *(besorgt)*.
Mein bester Fürst! Willst du nicht lieber ihn
Nach Norden, an den Lippstrom, schicken,
Cheruska vor dem Pästus zu beschirmen,

Der dort, du weißt, mit Holm, dem Herrn der Friesen, kämpft.
Cheruska ist ganz offen dort,
Und Pästus, wenn er hört, daß Rom von dir verraten,
Beim Styx! er sendet, zweifle nicht,
Gleich einen Haufen ab, in deinem Rücken,
Von Grund aus, alle Plätze zu verwüsten.

Hermann.
Nichts, nichts, mein alter Freund! Was fällt dir ein?
Kämpf ich auch für den Sand, auf den ich trete,
Kämpf ich für meine Brust?
Cheruska schirmen! Was! Wo Hermann steht, da siegt er,
Und mithin ist Cheruska da.
Du folgst mir, Astolf, ins Gefild der Schlacht;
Wenn Varus, an der Weser, sank,
Werd ich, am Lippstrom, auch den Pästus treffen!

Astolf.
Es ist genug, o Herr! Es wird geschehn.

Hermann *(wendet sich zu Thusnelda).*
Leb wohl, Thusnelda, mein geliebtes Weib!
Astolf hat deine Rache übernommen.

Thusnelda *(steht auf).*
An dem Ventidius?
(Sie drückt einen heißen Kuß auf seine Lippen.)
Überlaß ihn mir!
Ich habe mich gefaßt, ich will mich rächen!

Hermann.
Dir?

Thusnelda.
Mir! Du sollst mit mir zufrieden sein.

Hermann.
Nun denn, so ist der erste Sieg erfochten!
Auf jetzt, daß ich den Varus treffe:
Roms ganze Kriegsmacht, wahrlich, scheu ich nicht!

(Alle ab.)

Fünfter Akt

Szene: Teutoburger Wald. Nacht, Donner und Blitz.

Erster Auftritt

Varus und mehrere Feldherrn, an der Spitze des römischen Heeres, mit Fackeln, treten auf.

Varus.
Ruft Halt! ihr Feldherrn, den Kohorten zu!

Die Feldherrn *(in der Ferne).*
Halt! – Halt!

Varus. Licinius Valva!

Ein Hauptmann *(vortretend).* Hier! Wer ruft?

Varus.
Schaff mir die Boten her, die drei Cherusker,
Die an der Spitze gehn!

Der Hauptmann. Du hörst, mein Feldherr!
Du wirst die Männer schuldlos finden;
Arminius hat sie also unterrichtet.

Varus.
Schaff sie mir her, sag ich, ich will sie sprechen!
Ward, seit die Welt in Kreisen rollt,
Solch ein Verrat erlebt? Cherusker führen mich,
Die man, als Kundige des Landes, mir
Mit breitem Munde rühmt, am hellen Mittag irr!
Rück ich nicht, um zwei Meilen zu gewinnen,
Bereits durch sechzehn volle Stunden fort?
Wars ein Versehn, daß man nach Pfiffi- mich,
Statt Iphikon geführt: wohlan, ich will es mindstens,
Bevor ich weiter rücke, untersuchen.

Erster Feldherr *(in den Bart)*.
Daß durch den Mantel doch, den sturmzerrißnen,
Der Nacht, der um die Köpf uns hängt,
Ein *einzges* Sternbild schimmernd niederblinkte!
Wenn auf je hundert Schritte nicht,
Ein Blitzstrahl zischend vor uns niederkeilte,
Wir würden, wie die Eul am Tage,
Haupt und Gebein uns im Gebüsch zerschellen!

Zweiter Feldherr.
Wir können keinen Schritt fortan,
In diesem feuchten Mordgrund, weiter rücken!
Er ist so zäh, wie Vogelleim geworden.
Das Heer schleppt halb Cheruska an den Beinen,
Und wird noch, wie ein bunter Specht,
Zuletzt, mit Haut und Haar, dran kleben bleiben.

Dritter Feldherr.
Pfiffikon! Iphikon! – Was das, beim Jupiter!
Für eine Sprache ist! Als schlüg ein Stecken
An einen alten, rostzerfreßnen Helm!
Ein Greulsystem von Worten, nicht geschickt,
Zwei solche Ding, wie Tag und Nacht,
Durch einen eignen Laut zu unterscheiden.
Ich glaub, ein Tauber wars, der das Geheul erfunden,
Und an den Mäulern sehen sie sichs ab.

Ein Römer.
Dort kommen die Cherusker!

Varus. Bringt sie her!

Zweiter Auftritt

Der Hauptmann mit den drei cheruskischen Boten. Die Vorigen.

Varus.
Nach welchem Ort, sag an, von mir benannt,
Hast du mich heut von Arkon führen sollen?

Der erste Cherusker.
Nach Pfiffikon, mein hochverehrter Herr.

Varus.
Was, Pfiffikon! hab ich nicht Iphi- dir
Bestimmt, und wieder Iphikon genannt?

Der erste Cherusker.
Vergib, o Herr, du nanntest Pfiffikon.
Zwar sprachst du, nach der Römermundart,
Das leugn' ich nicht: „führt mich nach Iphikon";
Doch Hermann hat bestimmt uns gestern,
Als er uns unterrichtete, gesagt:
„Des Varus Wille ist nach Pfiffikon zu kommen;
Drum tut nach mir, wie er auch ausspricht,
Und führt sein Heer auf Pfiffikon hinaus."

Varus.
Was!

Der erste Cherusker.
Ja, mein erlauchter Herr, so ists.

Varus.
Woher kennt auch dein Hermann meine Mundart?
Den Namen hatt ich: Iphikon,
Ja schriftlich ihm, mit dieser Hand gegeben?!

Der erste Cherusker.
Darüber wirst du ihn zur Rede stellen;
Doch wir sind schuldlos, mein verehrter Herr.

Varus.
O wart! – – Wo sind wir jetzt?

Der erste Cherusker. Das weiß ich nicht.

Varus.
Das weißt du nicht, verwünschter Galgenstrick,
Und bist ein Bote?

Der erste Cherusker. Nein! Wie vermöcht ich das?
Der Weg, den dein Gebot mich zwang,
Südwest quer durch den Wald hin einzuschlagen,
Hat in der Richtung mich verwirrt:
Mir war die große Straße nur,
Von Teutoburg nach Pfiffikon, bekannt.

Varus.
Und du? Du weißt es auch nicht.

Der zweite Cherusker. Nein, mein Feldherr.

Varus.
Und du?

Der dritte Cherusker.
Ich auch bin, seit es dunkelt, irre.
Nach allem doch, was ich ringsum erkenne,
Bist du nicht weit von unserm Waldplatz Arkon.

Varus.
Von Arkon? Was! Wo ich heut ausgerückt?

Der dritte Cherusker.
Von eben dort; du bist ganz heimgegangen.

Varus.
Daß euch der Erde finstrer Schoß verschlänge! –
Legt sie in Stricken! – Und wenn sie jedes ihrer Worte
Hermann ins Antlitz nicht beweisen können,
So hängt der Schufte einen auf,
Und gerbt den beiden anderen die Rücken!

(Die Boten werden abgeführt.)

Dritter Auftritt

Die Vorigen ohne, die Boten.

Varus.
Was ist zu machen? – – Sieh da! Ein Licht im Walde!

Erster Feldherr.
He, dort! Wer schleicht dort?

Zweiter Feldherr. Nun, beim Jupiter!
Seit wir den Teutoburger Wald durchziehn,
Der erste Mensch, der unserm Blick begegnet!

Der Hauptmann.
Es ist ein altes Weib, das Kräuter sucht.

Vierter Auftritt

Eine Alraune tritt auf, mit Krücke und Laterne. Die Vorigen.

Varus.
Auf diesem Weg, den ich im Irrtum griff,
Stammütterchen Cheruskas, sag mir an,
Wo komm ich her? Wo bin ich? Wohin wandr' ich?

Die Alraune.
Varus, o Feldherr Roms, das sind drei Fragen!
Auf mehr nicht kann mein Mund dir Rede stehn!

Varus.
Sind deine Worte so geprägt,
Daß du, wie Stücken Goldes, sie berechnest?
Wohlan, es sei, ich bin damit zufrieden?
Wo komm ich her?

Die Alraune. Aus Nichts, Quintilius Varus!

Varus.
Aus Nichts? – Ich komm aus Arkon heut.
– Die Römische Sybille, seh ich wohl,
Und jene Wunderfrau von Endor bist du nicht.
– Laß sehn, wie du die andern Punkt' erledigst!
Wenn du nicht weißt, woher des Wegs ich wandre:
Wenn ich südwestwärts, sprich, stets ihn verfolge,
Wo geh ich hin?

Die Alraune. Ins Nichts, Quintilius Varus!

Varus.
Ins Nichts? – Du singst ja, wie ein Rabe!
Von wannen kommt dir diese Wissenschaft?
Eh ich in Charons düstern Nachen steige,
Denk ich, als Sieger, zweimal noch
Rom, mit der heiteren Quadriga, zu durchschreiten!
Das hat ein Priester Jovis mir vertraut.
– Triff, bitt ich dich, der dritten Frage,
Die du vergönnt mir, besser auf die Stirn!
Du siehst, die Nacht hat mich Verirrten überfallen:
Wo geh ich her? Wo geh ich hin?
Und wenn du das nicht weißt, wohlan:
Wo bin ich? sag mir an, das wirst du wissen;
In welcher Gegend hier befind ich mich?

Die Alraune.
Zwei Schritt vom Grab, Quintilius Varus,
Hart zwischen Nichts und Nichts! Gehab dich wohl!
Das sind genau der Fragen drei;
Der Fragen mehr, auf dieser Heide,
Gibt die cheruskische Alraune nicht!
(Sie verschwindet.)

Fünfter Auftritt

Die Vorigen ohne die Alraune.

Varus.
Sieh da!

Erster Feldherr.
Beim Jupiter, dem Gott der Welt!

Zweiter Feldherr.
Was war das?

Varus. Wo?

Zweiter Feldherr. Hier, wo der Pfad sich kreuzet!

Varus.
Saht ihr es auch, das sinnverrückte Weib?

Erster Feldherr.
Das Weib?

Zweiter Feldherr.
Ob wirs gesehn?

Varus. Nicht? – Was wars sonst?
Der Schein des Monds, der durch die Stämme fällt?

Erster Feldherr.
Beim Orkus! Eine Hexe! Halt' sie fest!
Da schimmert die Laterne noch!

Varus *(niedergeschlagen).* Laßt, laßt!
Sie hat des Lebens Fittich mir
Mit ihrer Zunge scharfem Stahl gelähmt!

Sechster Auftritt

Ein Römer tritt auf. Die Vorigen.

Der Römer.
Wo ist der Feldherr Roms? Wer führt mich zu ihm?

Der Hauptmann.
Was gibts? Hier steht er!

Varus. Nun? Was bringst du mir?

Der Römer.
Quintilius, zu den Waffen, sag ich dir!
Marbod hat übern Weserstrom gesetzt!
Auf weniger, denn tausend Schritte,
Steht er mit seinem ganzen Suevenheere da!

Varus.
Marbod! Was sagst du mir?

Erster Feldherr. Bist du bei Sinnen?

Varus.
– Von wem kommt dir die aberwitzge Kunde?

Der Römer.
Die Kunde? Was! Beim Zeus, hier von mir selbst!
Dein Vortrab stieß soeben auf den seinen,
Bei welchem ich, im Schein der Fackeln,
Soeben durch die Büsche, ihn gesehn!

Varus.
Unmöglich ists!

Zweiter Feldherr. Das ist ein Irrtum, Freund!

Varus.
Fulvius Lepidus, der Legate Roms,
Der eben jetzt, aus Marbods Lager,
Hier angelangt, hat ihn vorgestern
Ja noch jenseits des Weserstroms verlassen?!

Der Römer.
Mein Feldherr, frage mich nach nichts!
Schick deine Späher aus und überzeuge dich!
Marbod, hab ich gesagt, steht, mit dem Heer der Sueven,
Auf deinem Weg zur Weser aufgepflanzt;
Hier diese Augen haben ihn gesehn!

Varus.
– Was soll dies alte Herz fortan nicht glauben?
Kommt her und sprecht: Marbod und Hermann
Verständen heimlich sich, in dieser Fehde,
Und so wie der im Antlitz mir,
So stände der mir schon im Rücken,
Mich hier mit Dolchen in den Staub zu werfen:
Beim Styx! ich glaubt es noch; ich habs, schon vor drei Tagen,
Als ich den Lippstrom überschifft, geahnt!

Erster Feldherr.
Pfui doch, Quintilius, des unrömerhaften Worts!
Marbod und Hermann! In den Staub dich werfen!
Wer weiß, ob einer noch von beiden

In deiner Nähe ist! – Gib mir ein Häuflein Römer,
Den Wald, der dich umdämmert, zu durchspähn:
Die Schar, auf die dein Vordertrupp gestoßen,
Ist eine Horde noch zuletzt,
Die hier den Uren oder Bären jagt.

Varus *(sammelt sich).*
Auf! – Drei Centurien geb ich dir!
– Bring Kunde mir, wenn dus vermagst,
Von seiner Zahl; verstehst du mich?
Und seine Stellung auch im Wald erforsche;
Jedoch vermeide sorgsam ein Gefecht.

(Der erste Feldherr ab.)

Siebenter Auftritt

Varus. – Im Hintergrunde das Römerheer.

Varus.
O Priester Zeus', hast du den Raben auch,
Der Sieg mir zu verkündgen schien, verstanden?
Hier war ein Rabe, der mir prophezeit,
Und seine heisre Stimme sprach: das Grab!

Achter Auftritt

Ein zweiter Römer tritt auf. Die Vorigen.

Der Römer.
Man schickt mich her, mein Feldherr, dir zu melden,
Daß Hermann, der Cheruskerfürst,
Im Teutoburger Wald soeben eingetroffen;
Der Vortrab seines Heers, dir hilfreich zugeführt,
Berührt den Nachtrab schon des deinigen!

Varus.
Was sagst du?

Zweiter Feldherr.
Hermann? – Hier in diesem Wald?

Varus *(wild).*
Bei allen Furien der flammenvollen Hölle!
Wer hat ihm Fug und Recht gegeben,
Heut weiter, als bis Arkon, vorzurücken?

Der Römer.
Darauf bleib ich die Antwort schuldig dir. –
Servil, der mich dir sandte, schien zu glauben
Er werde dir, mit dem Cheruskerheer,
In deiner Lage sehr willkommen sein.

Varus.
Willkommen mir? Daß ihn die Erd entraffte!
Fleuch gleich zu seinen Scharen hin,
Und ruf mir den Septimius, hörst du,
Den Feldherrn her, den ich ihm zugeordnet!
Dahinter fürcht ich sehr, steckt eine Meuterei,
Die ich sogleich ans Tageslicht will ziehn!

Neunter Auftritt

Aristan, Fürst der Ubier, tritt eilig auf. Die Vorigen.

Aristan.
Verräterei! Verräterei!
Marbod und Hermann stehn im Bund, Quintilius!
Den Teutoburger Wald umringen sie,
Mit deinem ganzen Heere dich
In der Moräste Tiefen zu ersticken!

Varus.
Daß du zur Eule werden müßtest,
Mit deinem mitternächtlichen Geschrei!
– Woher kommt dir die Nachricht?

Aristan. Mir die Nachricht? –
Hier lies den Brief, bei allen Römergöttern,
Den er mit Pfeilen eben jetzt
Ließ in die Feu'r der Deutschen schießen,
Die deinem Heereszug hierher gefolgt!

(Er gibt ihm einen Zettel.)
Er spricht von Freiheit, Vaterland und Rache,
Ruft uns – ich bitte dich! der giftge Meuter, auf,
Uns mutig seinen Scharen anzuschließen,
Die Stunde hätte deinem Heer geschlagen,
Und droht, jedwedes Haupt, das er in Waffen
Erschauen wird, die Sache Roms verfechtend,
Mit einem Beil, vom Rumpf herab, zum Kuß
Auf der Germania heilgen Grund zu nötgen!

Varus *(nachdem er gelesen)*.
Was sagten die germanschen Herrn dazu?

Aristan.
Was sie dazu gesagt? Die gleißnerischen Gauner!
Sie fallen alle von dir ab!
Fust rief zuerst, der Cimbern Fürst,
Die andern gleich, auf dieses Blatt, zusammen;
Und, unter einer Fichte eng
Die Häupter aneinander drückend,
Stand, einer Glucke gleich, die Rotte der Rebellen,
Und brütete, die Waffen plusternd,
Gott weiß, welch eine Untat aus,
Mordvolle Blick auf mich zur Seite werfend,
Der aus der Ferne sie in Aufsicht nahm!

Varus *(scharf)*.
Und du, Verräter, folgst dem Aufruf nicht?

Aristan.
Wer? Ich? Dem Ruf Armins? – Zeus' Donnerkeil
Soll mich hier gleich zur Erde schmettern,
Wenn der Gedank auch nur mein Herz beschlich!

Varus.
Gewiß? Gewiß? – Daß mir der Schlechtste just,
Von allen deutschen Fürsten, bleiben muß!
Doch, kann es anders sein? – – O Hermann! Hermann!
So kann man blondes Haar und blaue Augen haben,

Und doch so falsch sein, wie ein Punier?
Auf! Noch ist alles nicht verloren. –
Publius Sextus!

Zweiter Feldherr.
Was gebeut mein Feldherr?

Varus.
Nimm die Kohorten, die den Schweif mir bilden,
Und wirf die deutsche Hülfsschar gleich,
Die meinem Zug hierher gefolgt, zusammen!
Zur Hölle, mitleidlos, eh sie sich noch entschlossen,
Die ganze Meuterbrut, herab;
Es fehlt mir hier an Stricken, sie zu binden!
(Er nimmt Schild und Spieß aus der Hand eines Römers.)
Ihr aber – folgt mir zu den Legionen!
Arminius, der Verräter, wähnt,
Mich durch den Anblick der Gefahr zu schrecken;
Laß sehn, wie er sich fassen wird,
Wenn ich, die Waffen in der Hand,
Gleich einem Eber, jetzt hinein mich stürze!

(Alle ab.)

Szene: Eingang des Teutoburger Walds.

Zehnter Auftritt

Egbert mit mehreren Feldherrn und Hauptleuten stehen versammelt. Fackeln. Im Hintergrunde das Cheruskerheer.

Egbert.
Hier, meine Freunde! Sammelt euch um mich!
Ich will das Wort euch mutig führen!
Denkt, daß die Sueven Deutsche sind, wie ihr:
Und wie sich seine Red auch wendet,
Verharrt bei eurem Entschluß nicht zu fechten!

Erster Feldherr.
Hier kommt er schon.

Ein Hauptmann. Doch rat ich Vorsicht an!

Eilfter Auftritt

Hermann und Winfried treten auf. Die Vorigen.

Hermann *(in die Ferne schauend).*
Siehst du die Feuer dort?

Winfried. Das ist der Marbod! –
Er gibt das Zeichen dir zum Angriff schon.

Hermann.
Rasch! – Daß ich keinen Augenblick verliere.
(Er tritt in die Versammlung.)
Kommt her, ihr Feldherrn der Cherusker!
Ich hab euch etwas Wichtges zu entdecken.

Egbert *(indem er vortritt).*
Mein Fürst und Herr, eh du das Wort ergreifst,
Vergönnst, auf einen Augenblick,
In deiner Gnade, du die Rede mir!

Hermann.
Dir? – Rede!

Egbert. Wir folgten deinem Ruf
Ins Feld des Tods, du weißt, vor wenig Wochen,
Im Wahn, den du geschickt erregt,
Es gelte Rom und die Tyrannenmacht,
Die unser heilges Vaterland zertritt.
Des Tages neueste, unselige Geschichte
Belehrt uns doch, daß wir uns schwer geirrt:
Dem August hast du dich, dem Feind des Reichs, verbunden,
Und rückst, um eines nichtgen Streits,
Marbod, dem deutschen Völkerherrn entgegen.
Cherusker, hättst du wissen können,
Leihn, wie die Ubier sich, und Äduer, nicht,
Die Sklavenkette, die der Römer bringt,
Den deutschen Brüdern um den Hals zu legen.
Und kurz, daß ichs, o Herr, mit *einem* Wort dir melde:

Dein Heer verweigert mutig dir den Dienst;
Es folgt zum Sturm nach Rom dir wenn du willst,
Doch in des wackern Marbod Lager nicht.

Hermann *(sieht ihn an).*
Was! hört ich recht?

Winfried. Ihr Götter des Olymps!

Hermann.
Ihr weigert, ihr Verräter, mir den Dienst?

Winfried *(ironisch).*
Sie weigern dir den Dienst, du hörst! Sie wollen
Nur gegen Varus' Legionen fechten!

Hermann *(indem er sich den Helm in die Augen drückt).*
Nun denn, bei Wodans erznem Donnerwagen,
So soll ein grimmig Beispiel doch
Solch eine schlechte Regung in dir strafen!
– Gib deine Hand mir her!
(Er streckt ihm die Hand hin.)

Egbert. Wie, mein Gebieter.

Hermann.
Mir deine Hand, sag ich! Du sollst, du Römerfeind,
Noch heut, auf ihrer Adler einen,
Im dichtesten Gedräng des Kampfs mir treffen!
Noch eh die Sonn entwich, das merk dir wohl,
Legst du ihn hier zu Füßen mir darnieder!

Egbert.
Auf wen, mein Fürst? Vergib, daß ich erstaune!
Ists Marbod nicht, dem deine Rüstung –?

Hermann. Marbod?
Meinst du, daß Hermann minder deutsch gesinnt,
Als du? – Der ist hier diesem Schwert verfallen,
Der seinem greisen Haupt ein Haar nur krümmt! –
Auf meinen Ruf, ihr Brüder, müßt ihr wissen,
Steht er auf jenen Höhn, durch eine Botschaft

Mir, vor vier Tagen, heimlich schon verbunden!
Und kurz, daß ich mich gleichfalls rund erkläre:
Auf, ihr Cherusker zu den Waffen!
Doch ihm nicht, Marbod, meinem Freunde,
Germaniens Henkersknecht, Quintilius Varus gilts!

Winfried.
Das wars, was Hermann euch zu sagen hatte.

Egbert *(freudig)*.
Ihr Götter!

Die Feldherrn und Hauptleute *(durcheinander)*.
Tag des Jubels und der Freude!

Das Cheruskerheer *(jauchzend)*.
Heil, Hermann, Heil dir! Heil, Sohn Siegmars, dir!
Daß Wodan dir den Sieg verleihen mög!

Zwölfter Auftritt

Ein Cherusker tritt auf. Die Vorigen.

Der Cherusker.
Septimius Nerva kommt, den du gerufen!

Hermann.
Still, Freunde, still! Das ist der Halsring von der Kette,
Die der Cheruska angetan;
Jetzt muß das Werk der Freiheit gleich beginnen.

Winfried.
Wo war er?

Hermann. Bei dem Brand in Arkon, nicht?
Beschäftiget zu retten und zu helfen?

Der Cherusker.
In Arkon, ja, mein Fürst; bei einer Hütte,
Die durch den Römerzug, in Feuer aufgegangen.
Er schüttete gerührt dem Eigner
Zwei volle Säckel Geldes aus!

Bei Gott! der ist zum reichen Mann geworden,
Und wünscht noch oft ein gleiches Unheil sich.

Hermann.
Das gute Herz!

Winfried. Wo stahl er doch die Säckel?

Hermann.
Dem Nachbar auf der Rechten oder Linken?

Winfried.
Er preßt mir Tränen aus.

Hermann. Doch still! Da kömmt er.

Dreizehnter Auftritt

Septimius tritt auf. Die Vorigen.

Hermann *(kalt).*
Dein Schwert, Septimius Nerva, du mußt sterben.

Septimius.
– Mit wem sprech ich?

Hermann. Mit Hermann, dem Cherusker,
Germaniens Retter und Befreier
Von Roms Tyrannenjoch!

Septimius. Mit dem Armin? –
Seit wann führt der so stolze Titel?

Hermann.
Seit August sich so niedre zugelegt.

Septimius.
So ist es wahr? Arminius spielte falsch?
Verriet die Freunde, die ihn schützen wollten?

Hermann.
Verriet euch, ja; was soll ich mit dir streiten?
Wir sind verknüpft, Marbod und ich,

Und werden, wenn der Morgen tagt,
Den Varus, hier im Walde, überfallen.

Septimius.
Die Götter werden ihre Söhne schützen!
– Hier ist mein Schwert!

Hermann *(indem er das Schwert wieder weggibt).*
Führt ihn hinweg,
Und laßt sein Blut, das erste, gleich
Des Vaterlandes dürren Boden trinken!

(Zwei Cherusker ergreifen ihn.)

Septimius.
Wie, du Barbar! Mein Blut? Das wirst du nicht –!

Hermann.
Warum nicht?

Septimius *(mit Würde).*
– Weil ich dein Gefangner bin!
An deine Siegerpflicht erinnr' ich dich!

Hermann *(auf sein Schwert gestützt).*
An Pflicht und Recht! Sieh da, so wahr ich lebe!
Er hat das Buch vom Cicero gelesen.
Was müßt ich tun, sag an, nach diesem Werk?

Septimius.
Nach diesem Werk? Armsel'ger Spötter, du!
Mein Haupt, das wehrlos vor dir steht,
Soll deiner Rache heilig sein;
Also gebeut dir das Gefühl des Rechts,
In deines Busens Blättern aufgeschrieben!

Hermann *(indem er auf ihn einschreitet).*
Du weißt was Recht ist, du verfluchter Bube,
Und kamst nach Deutschland, unbeleidigt,
Um uns zu unterdrücken?
Nehmt eine Keule doppelten Gewichts,
Und schlagt ihn tot!

Septimius.
Führt mich hinweg! – hier unterlieg ich,
Weil ich mit Helden würdig nicht zu tun!
Der das Geschlecht der königlichen Menschen
Besiegt, in Ost und West, der ward
Von Hunden in Germanien zerrissen:
Das wird die Inschrift meines Grabmals sein!

(Er geht ab; Wache folgt ihm.)

Das Heer *(in der Ferne).*
Hurrah! Hurrah! Der Nornentag bricht an!

Vierzehnter Auftritt

Die Vorigen ohne den Septimius.

Hermann.
Steckt das Fanal in Brand, ihr Freunde,
Zum Zeichen Marbod und den Sueven,
Daß wir nunmehr zum Schlagen fertig sind!

(Ein Fanal wird angesteckt.)

Die Barden! He! Wo sind die süßen Alten
Mit ihrem herzerhebenden Gesang?

Winfried.
Ihr Sänger, he! Wo steckt ihr?

Egbert. Ha! schau her!
Dort, auf dem Hügel, wo die Fackeln schimmern!

Winfried.
Horch! Sie beginnen dir das Schlachtlied schon!

(Musik.)

Chor der Barden *(aus der Ferne).*

Wir litten menschlich seit dem Tage,
  Da jener Fremdling eingerückt;
Wir rächten nicht die erste Plage,
  Mit Hohn auf uns herabgeschickt;

Wir übten, nach der Götter Lehre,
  Uns durch viel Jahre im Verzeihn:
Doch endlich drückt des Joches Schwere,
  Und abgeschüttelt will es sein!

(Hermann hat sich, mit vorgestützter Hand, an den Stamm einer Eiche gelehnt. – Feierliche Pause. – Die Feldherren sprechen heimlich mit einander.)

Winfried *(nähert sich ihm)*.
Mein Fürst, vergib! Die Stunde drängt,
Du wolltest uns den Plan der Schlacht –

Hermann *(wendet sich)*. Gleich, gleich! –
– Du, Bruder, sprich für mich, ich bitte dich.
(Er sinkt, heftig bewegt, wieder an die Eiche zurück.)

Ein Hauptmann.
Was sagt er?

Ein Anderer.
Was?

Winfried. Laßt ihn. – Er wird sich fassen.
Kommt her, daß ich den Schlachtplan euch entdecke!
(Er versammelt die Anführer um sich.)
Wir stürzen uns, das Heer zum Keil geordnet,
Hermann und ich, vorn an der Spitze,
Grad auf den Feldherrn des Augustus ein!
Sobald ein Riß das Römerheer gesprengt,
Nimmst du die erste Legion,
Die zweite du, die dritte du!
In Splittern völlig fällt es auseinander.
Das Endziel ist, den Marbod zu erreichen;
Wenn wir zu diesem, mit dem Schwert,
Uns kämpfend einen Weg gebahnt,
Wird der uns weitere Befehle geben.

Chor der Barden *(fällt wieder ein)*.

Du wirst nicht wanken und nicht weichen,
  Vom Amt, das du dir kühn erhöht,

Die Regung wird dich nicht beschleichen,
   Die dein getreues Volk verrät;
Du bist so mild, o Sohn der Götter,
   Der Frühling kann nicht milder sein:
Sei schrecklich heut, ein Schlossenwetter,
   Und Blitze laß dein Antlitz spein!

(Die Musik schweigt. – Kurze Pause. – Ein Hörnertusch in der Ferne.)

Egbert.
Ha! Was war das?

Hermann *(in ihre Mitte tretend).*
Antwortet! Das war Marbod!

(Ein Hörnertusch in der Nähe.)

Auf! – Mana und die Helden von Walhalla!
(Er bricht auf.)

Egbert *(tritt ihn an).*
Ein Wort, mein Herr und Herrscher! Winfried! Hört mich!
Wer nimmt die Deutschen, das vergaßt ihr,
Die sich dem Zug der Römer angeschlossen?

Hermann.
Niemand, mein Freund! Es soll kein deutsches Blut,
An diesem Tag, von deutschen Händen fließen!

Egbert.
Was! Niemand! hört ich recht? Es wär dein Wille –?

Hermann.
Niemand! So wahr mir Wodan helfen mög!
Sie sind mir heilig; ich berief sie,
Sich mutig unsern Scharen anzuschließen!

Egbert.
Was! Die Verräter, Herr, willst du verschonen,
Die grimmger, als die Römer selbst,
In der Cheruska Herzen wüteten?

Hermann.
Vergebt! Vergeßt! Versöhnt, umarmt und liebt euch!
Das sind die Wackersten und Besten,
Wenn es nunmehr die Römerrache gilt! –
Hinweg! – Verwirre das Gefühl mir nicht!
Varus und die Kohorten, sag ich dir;
Das ist der Feind, dem dieser Busen schwillt!

(Alle ab.)

Szene: Teutoburg. Garten hinter dem Fürstenzelt. Im Hintergrund ein eisernes Gitter, das in einen, von Felsen eingeschlossenen, öden Eichwald führt.

Funfzehnter Auftritt

Thusnelda und Gertrud treten auf.

Thusnelda.
Was wars, sag an, was dir Ventidius gestern,
Augusts Legat gesagt, als du ihm früh
Im Eingang des Gezelts begegnetest?

Gertrud.
Er nahm, mit schüchterner Gebärde, meine Königin,
Mich bei der Hand, und einen Ring
An meinen Finger flüchtig steckend,
Bat und beschwor er mich, bei allen Kindern Zeus',
Ihm in geheim zu Nacht Gehör zu schaffen,
Bei der, die seine Seele innig liebt.
Er schlug, auf meine Frage: wo?
Hier diesen Park mir vor, wo zwischen Felsenwänden,
Das Volk sich oft vergnügt, den Ur zu hetzen;
Hier, meint' er, sei es still, wie an dem Lethe,
Und keines lästgen Zeugen Blick zu fürchten,
Als nur der Mond, der ihm zur Seite buhlt.

Thusnelda.
Du hast ihm meine Antwort überbracht?

Gertrud.
Ich sagt ihm: wenn er heut, beim Untergang des Mondes,
Eh noch der Hahn den Tag bekräht,
Den Eichwald, den er meint, besuchen wollte,
Würd ihn daselbst die Landesfürstin,
Sie, deren Seele heiß ihn liebt,
Am Eingang gleich, zur Seite rechts, empfangen.

Thusnelda.
Und nun hast du, der Bärin wegen,
Die Hermann jüngst im Walde griff,
Mit Childrich, ihrem Wärter, dich besprochen?

Gertrud.
Es ist geschehn, wie mir dein Mund geboten;
Childrich, der Wärter, führt sie schon heran! –
Doch, meine große Herrscherin,
Hier werf ich mich zu Füßen dir:
Die Rache der Barbaren sei dir fern!
Es ist Ventidius nicht, der mich mit Sorg erfüllt;
Du selbst, wenn nun die Tat getan,
Von Reu und Schmerz wirst du zusammenfallen!

Thusnelda.
Hinweg! – Er hat zur Bärin mich gemacht!
Arminius' will ich wieder würdig werden!

Sechzehnter Auftritt

Childerich tritt auf, eine Bärin an einer Kette führend. Die Vorigen.

Childerich.
Heda! Seid Ihrs, Frau Gertrud?

Gertrud *(steht auf).* Gott im Himmel!
Da naht der Allzupünktliche sich schon!

Childerich.
Hier ist die Bärin!

Gertrud. Wo?

Childerich. Seht Ihr sie nicht?

Gertrud.
Du hast sie an der Kette, will ich hoffen?

Childerich.
An Kett und Koppel. – Ach, so habt Euch doch!
Wenn ich dabei bin, müßt Ihr wissen,
Ist sie so zahm, wie eine junge Katze.

Gertrud.
Gott möge ewig mich vor ihr bewahren! –
's ist gut, bleib mir nur fern, hier ist der Schlüssel,
Tu sie hinein und schleich dich wieder weg.

Childerich.
Dort in den Park?

Gertrud. Ja, wie ich dir gesagt.

Childerich.
Mein Seel ich hoff, so lang die Bärin drin,
Wird niemand anders sich der Pforte nahn?

Gertrud.
Kein Mensch, verlaß dich drauf! Es ist ein Scherz nur,
Den meine Frau sich eben machen will.

Childerich.
Ein Scherz?

Gertrud. Ja, was weiß ich?

Childerich. Was für ein Scherz?

Gertrud.
Ei, so frag du –! Fort! In den Park hinein!
Ich kann das Tier nicht mehr vor Augen sehn!

Childerich.
Nun, bei den Elfen, hört; nehmt Euch in acht!
Die Petze hat, wie Ihr befahlt,
Nun seit zwölf Stunden nichts gefressen;

Sie würde Witz, von grimmiger Art, Euch machen,
Wenns Euch gelüsten sollte, sie zu necken.
(Er läßt die Bärin in den Park und schließt ab.)

Gertrud.
Fest!

Childerich.
Es ist alles gut.

Gertrud. Ich sage, feste
Den Riegel auch noch vor, den eisernen!

Childerich.
Ach, was! Sie wird doch keine Klinke drücken?
– Hier ist der Schlüssel!

Gertrud. Gut, gib her! –
Und nun entfernst du dich, in das Gebüsch,
Doch so, daß wir sogleich dich rufen können.

(Childerich geht ab.)

Schirmt, all ihr guten Götter, mich!
Da schleicht der Unglücksel'ge schon heran!

Siebzehnter Auftritt

Ventidius tritt auf. – Thusnelda und Gertrud.

Ventidius.
Dies ist der stille Park, von Bergen eingeschlossen,
Der, auf die Lispelfrage: wo?
Mir gestern in die trunknen Sinne fiel!
Wie mild der Mondschein durch die Stämme fällt!
Und wie der Waldbach fern, mit üppigem Geplätscher,
Vom Rand des hohen Felsens niederrinnt! –
Thusnelda! Komm und lösche diese Glut,
Soll ich, gleich einem jungen Hirsch,
Das Haupt voran, mich in die Flut nicht stürzen! –
Gertrud! – – So hieß ja, dünkt mich, wohl die Zofe,
Die mir versprach, mich in den Park zu führen?

(Gertrud steht und kämpft mit sich selbst.)

Thusnelda *(mit gedämpfter Stimme).*
Fort! Gleich! Hinweg! Du hörst! Gib ihm die Hand,
Und führ ihn in den Park hinein!

Gertrud.
Geliebte Königin?!

Thusnelda. Bei meiner Rache!
Fort, Augenblicks, sag ich! Gib ihm die Hand,
Und führ ihn in den Park hinein!

Gertrud *(fällt ihr zu Füßen).*
Vergebung, meine Herrscherin, Vergebung!

Thusnelda *(ihr ausweichend).*
Die Närrin, die verwünschte, die! Sie auch
Ist in das Affenangesicht verliebt!
(Sie reißt ihr den Schlüssel aus der Hand und geht zu Ventidius.)

Ventidius.
Gertrud, bist dus?

Thusnelda. Ich bins.

Ventidius. O sei willkommen,
Du meiner Juno süße Iris,
Die mir Elysium eröffnen soll! –
Komm, gib mir deine Hand, und leite mich!
– Mit wem sprachst du?

Thusnelda. Thusnelden, meiner Fürstin.

Ventidius.
Thusnelden! Wie du mich entzückst!
Mir wär die Göttliche so nah?

Thusnelda.
Im Park, dem Wunsch gemäß, den du geäußert,
Und heißer Brunst voll harrt sie schon auf dich!

Ventidius.
O so eröffne schnell die Tore mir!
Komm her! Der Saturniden Wonne
Ersetzt mir solche Augenblicke nicht!

(Thusnelda läßt ihn ein. Wenn er die Tür hinter sich hat, wirft sie dieselbe mit Heftigkeit zu, und zieht den Schlüssel ab.)

Achtzehnter Auftritt

Ventidius innerhalb des Gitters. Thusnelda und Gertrud.
– Nachher Childerich, der Zwingerwärter.

Ventidius *(mit Entsetzen).*
Zeus, du, der Götter und der Menschen Vater!
Was für ein Höllen-Ungetüm erblick ich?

Thusnelda *(durch das Gitter).*
Was gibts, Ventidius? Was erschreckt dich so?

Ventidius.
Die zottelschwarze Bärin von Cheruska,
Steht, mit gezückten Tatzen, neben mir!

Gertrud *(in die Szene eilend).*
Du Furie, gräßlicher, als Worte sagen
– He, Childerich! Herbei! Der Zwingerwärter!

Thusnelda.
Die Bärin von Cheruska?

Gertrud. Childrich! Childrich!

Thusnelda.
Thusnelda, bist du klug, die Fürstin ists,
Von deren Haupt der Livia zur Probe,
Du jüngst die seidne Locke abgelöst!
Laß den Moment, dir günstig, nicht entschlüpfen,
Und ganz die Stirn jetzt schmeichelnd scher ihr ab!

Ventidius.
Zeus, du, der Götter und der Menschen Vater,
Sie bäumt sich auf, es ist um mich geschehn!

Childerich *(tritt auf)*.
Ihr Rasenden! Was gibts? Was machtet ihr?
Wen ließt ihr in den Zwinger ein, sagt an?

Gertrud.
Ventidius, Childrich, Roms Legat, ist es!
Errett ihn, bester aller Menschenkinder,
Eröffn' den Pfortenring und mach ihn frei!

Childerich.
Ventidius, der Legat? Ihr heilgen Götter!
(Er bemüht sich das Gitter zu öffnen.)

Thusnelda *(durch das Gitter)*.
Ach, wie die Borsten, Liebster, schwarz und starr,
Der Livia, deiner Kaiserin, werden stehn,
Wenn sie um ihren Nacken niederfallen!
Statthalter von Cheruska, grüß ich dich!
Das ist der mindste Lohn, du treuer Knecht,
Der dich für die Gefälligkeit erwartet!

Ventidius.
Zeus, du, der Götter und der Menschen Vater,
Sie schlägt die Klaun in meine weiche Brust!

Thusnelda.
Thusneld? O was!

Childerich. Wo ist der Schlüssel, Gertrud?

Gertrud.
Der Schlüssel, Gott des Himmels, steckt er nicht?

Childerich.
Der Schlüssel, nein!

Gertrud. Er wird am Boden liegen.
– Das Ungeheu'r! Sie hält ihn in der Hand.
(Auf Thusnelda deutend.)

Ventidius *(schmerzvoll)*.
Weh mir! Weh mir!

Gertrud *(zu Childerich)*
Reiß ihr das Werkzeug weg!

Thusnelda.
Sie sträubt sich dir?

Childerich *(da Thusnelda den Schlüssel verbirgt).*
Wie, meine Königin?

Gertrud.
Reiß ihr das Werkzeug, Childerich, hinweg!

(Sie bemühen sich, ihr den Schlüssel zu entwinden.)

Ventidius.
Ach! O des Jammers! Weh mir! O Thusnelda!

Thusnelda.
Sag ihr, daß du sie liebst, Ventidius,
So hält sie still und schenkt die Locken dir!
(Sie wirft den Schlüssel weg und fällt in Ohnmacht.)

Gertrud.
Die Gräßliche! – Ihr ewgen Himmelsmächte!
Da fällt sie sinnberaubt mir in den Arm!
(Sie läßt die Fürstin auf einen Sitz nieder.)

Neunzehnter Auftritt

Astolf und ein Haufen cheruskischer Krieger treten auf. – Die Vorigen.

Astolf.
Was gibts, ihr Fraun? Was für ein Jammerruf,
Als ob der Mord entfesselt wäre,
Schallt aus dem Dunkel jener Eichen dort?

Childerich.
Fragt nicht und kommt und helft das Gitter mir zersprengen!

(Die Cherusker stürzen in den Park. Pause. – Bald darauf die Leiche des Ventidius, von den Cheruskern getragen, und Childerich mit der Bärin.)

Astolf *(läßt die Leiche vor sich niederlegen).*
Ventidius, der Legate Roms! –

Nun, bei den Göttern von Walhalla,
So hab ich einen Spieß an ihm gespart!

Gertrud *(aus dem Hintergrund).*
Helft mir, ihr Leut, ins Zelt die Fürstin führen!

Astolf.
Helft ihr!

Ein Cherusker.
Bei allen Göttern, welch ein Vorfall?

Astolf.
Gleichviel! Gleichviel! Auf! Folgt zum Crassus mir,
Ihn, eh er noch die Tat erfuhr,
Ventidius, dem Legaten nachzuschicken!

(Alle ab.)

Szene: Teutoburger Wald. Schlachtfeld. Es ist Tag.

Zwanzigster Auftritt

Marbod, von Feldherren umringt, steht auf einem Hügel und schaut in die Ferne. – Komar tritt auf.

Komar.
Sieg! König Marbod! Sieg! Und wieder, Sieg!
Von allen zwei und dreißig Seiten,
Durch die der Wind in Deutschlands Felder bläst!

Marbod *(von dem Hügel herabsteigend).*
Wie steht die Schlacht, sag an?

Ein Feldherr. Laß hören, Komar,
Und spar die lusterfüllten Worte nicht!

Komar.
Wir rückten, wie du weißt, beim ersten Strahl der Sonne,
Arminius' Plan gemäß, auf die Legionen los;
Doch hier, im Schatten ihrer Adler,
Hier wütete die Zwietracht schon:

Die deutschen Völker hatten sich empört,
Und rissen heulend ihre Kette los.
Dem Varus eben doch, – der schnell, mit allen Waffen,
Dem pfeilverletzten Eber gleich,
Auf ihren Haufen fiel, erliegen wollten sie:
Als Brunold hülfreich schon, mit deinem Heer erschien,
Und ehe Hermann noch den Punkt der Schlacht erreicht,
Die Schlacht der Freiheit völlig schon entschied.
Zerschellt ward nun das ganze Römerheer,
Gleich einem Schiff, gewiegt in Klippen,
Und nur die Scheitern hülflos irren
Noch, auf dem Ozean des Siegs, umher!

Marbod.
So traf mein tapfres Heer der Sueven wirklich
Auf Varus früher ein, als die Cherusker?

Komar.
Sie trafen früher ihn! Arminius selbst,
Er wird gestehn, daß du die Schlacht gewannst!

Marbod.
Auf jetzt, daß ich den Trefflichen begrüße!

(Alle ab.)

Einundzwanzigster Auftritt

Varus *(tritt verwundet auf)*.
Da sinkt die große Weltherrschaft von Rom
Vor eines Wilden Witz zusammen,
Und kommt, die Wahrheit zu gestehn,
Mir wie ein dummer Streich der Knaben vor!
Rom, wenn, gebläht von Glück, du mit drei Würfeln doch,
Nicht neunzehn Augen werfen wolltest!
Die Zeit noch kehrt sich, wie ein Handschuh um,
Und über uns seh ich die Welt regieren,
Jedwede Horde, die der Kitzel treibt. –
Da naht der Derwisch mir, Armin, der Fürst der Uren,
Der diese Sprüche mich gelehrt. –

Der Rhein, wollt ich, wär zwischen mir und ihm!
Ich warf, von Scham erfüllt, dort in dem Schilf des Moors,
Mich in des eignen Schwertes Spitze schon;
Doch meine Ribbe, ihm verbunden,
Beschirmte mich; mein Schwert zerbrach,
Und nun bin ich dem seinen aufgespart. –
Fänd ich ein Pferd nur, das mich rettete.

Zweiundzwanzigster Auftritt

Hermann mit bloßem Schwert, von der einen Seite, Fust, Fürst der Cimbern, und Gueltar, Fürst der Nervier, von der andern, treten hitzig auf. – Varus.

Hermann.
Steh, du Tyrannenknecht, dein Reich ist aus!

Fust.
Steh, Höllenhund!

Gueltar. Steh, Wolf vom Tiberstrande,
Hier sind die Jäger, die dich fällen wollen!

(Fust und Gueltar stellen sich auf Hermanns Seite.)

Varus *(nimmt ein Schwert auf).*
Nun will ich tun, als führt ich zehn Legionen!
Komm her, du dort im Fell des zottgen Löwen,
Und laß mich sehn, ob du Herakles bist!

(Hermann und Varus bereiten sich zum Kampf.)

Fust *(sich zwischen sie werfend).*
Halt dort, Armin! Du hast des Ruhms genug.

Gueltar *(ebenso).*
Halt, sag auch ich!

Fust. Quintilius Varus
Ist mir, und wenn ich sinke, dem verfallen!

Hermann *(betroffen).*
Wem! Dir? Euch? – Ha! Sieh da! Mit welchem Recht?

Fust.
Das Recht, bei Mana, wenn du es verlangst,
Mit Blut schreib ichs auf deine schöne Stirn!
Er hat in Schmach und Schande mich gestürzt,
An Deutschland, meinem Vaterlande,
Der Mordknecht, zum Verräter mich gemacht:
Den Schandfleck wasch ich ab in seinem Blute,
Das hab ich heut, das mußt du wissen,
Gestreckt am Boden heulend, mir,
Als mir dein Brief kam, Göttlicher, gelobt!

Hermann.
Gestreckt am Boden heulend! Sei verwünscht,
Gefallner Sohn des Teut, mit deiner Reue!
Soll ich von Schmach dich rein zu waschen,
Den Ruhm, beim Jupiter, entbehren,
Nach dem ich durch zwölf Jahre treu gestrebt?
Komm her, fall aus und triff – und verflucht sei,
Wer jenen Römer ehr berührt,
Als dieser Streit sich zwischen uns gelöst!

(Sie fechten.)

Varus *(für sich).*
Ward solche Schmach im Weltkreis schon erlebt?
Als wär ich ein gefleckter Hirsch,
Der, mit zwölf Enden durch die Forsten bricht!

Hermann *(hält inne).*

Gueltar.
Sieg, Fust, halt ein! Das Glück hat dir entschieden.

Fust.
Wem? Mir? – Nein, sprich!

Gueltar. Beim Styx! Er kanns nicht leugnen.
Blut rötet ihm den Arm!

Fust. Was! Traf ich dich?

Hermann *(indem er sich den Arm verbindet).*
Ich wills zufrieden sein! Dein Schwert fällt gut.
Da nimm ihn hin. Man kann ihn dir vertraun.
(Er geht, mit einem tötenden Blick auf Varus, auf die Seite.)

Varus *(wütend).*
Zeus, diesen Übermut hilfst du mir strafen!
Du schnöder, pfauenstolzer Schelm,
Der du gesiegt, heran zu mir,
Es soll der Tod sein, den du dir errungen!

Fust.
Der Tod? Nimm dich in acht! Auch noch im Tode
Zapf ich das Blut dir ab, das rein mich wäscht.

(Sie fechten; Varus fällt.)

Varus.
Rom, wenn du fällst, wie ich: was willst du mehr?
(Er stirbt.)

Das Gefolge.
Triumph! Triumph! Germaniens Todfeind stürzt!
Heil, Fust, dir! Heil dir, Fürst der Cimbern!
Der du das Vaterland von ihm befreite

(Pause.)

Fust.
Hermann! Mein Bruderherz! Was hab ich dir getan?
(Er fällt ihm um den Hals.)

Hermann.
Nun, es ist alles gut.

Gueltar *(umhalst ihn gleichfalls).*
Du bist verwundet

Fust.
Das Blut des besten Deutschen fällt in Staub.

Hermann.
Ja, allerdings.

Fust. Daß mir die Hand verdorrte!

Gueltar.
Komm her, soll ich das Blut dir saugen?

Fust.
Mir laß – mir, mir!

Hermann. Ich bitt euch, meine Freunde

Fust.
Hermann, du bist mir bös, mein Bruderherz,
Weil ich den Siegskranz schelmisch dir geraubt?!

Hermann.
Du bist nicht klug! Vielmehr, es macht mich lachen!
Laß einen Herold gleich nur kommen,
Der deinen Namen ausposaune:
Und mir schaff einen Arzt, der mich verbindet.
(Er lacht und geht ab.)

Das Gefolge.
Kommt! hebt die Leiche auf und tragt sie fort.

(Alle ab.)

Szene: Teutoburg. Platz unter Trümmern.

Dreiundzwanzigster Auftritt

Thusnelda mit ihren Frauen. – Ihr zur Seite Eginhardt und Astolf. – Im Hintergrunde Wolf, Thuiskomar, Dagobert, Selgar. – Hermann tritt auf. Ihm folgen Fust, Gueltar, Winfried, Egbert und andere.

Wolf *(usw.).*
Heil, Hermann! Heil dir, Sieger der Kohorten!
Germaniens Retter, Schirmer und Befreier!

Hermann.
Willkommen, meine Freunde!

Thusnelda *(an seinem Busen).* Mein Geliebter!

Hermann *(empfängt sie).*
Mein schönes Thuschen! Heldin, grüß ich dich!
Wie groß und prächtig hast du Wort gehalten?

Thusnelda *(verwirrt).*
Das ist geschehn. Laß sein.

Hermann. Doch scheinst du blaß?
(Er betrachtet sie mit Innigkeit. – Pause.)
Wie stehts, ihr deutschen Herrn! Was bringt ihr mir?

Wolf.
Uns selbst, mit allem jetzt, was wir besitzen!
Hally, die Jungfrau, die geschändete,
Die du, des Vaterlandes grauses Sinnbild,
Zerstückt in alle Stämme hast geschickt,
Hat unsrer Völker Langmut aufgezehrt.
In Waffen siehst du ganz Germanien lodern,
Den Greul zu strafen, der sich ihr verübt:
Wir aber kamen her, dich zu befragen,
Wie du das Heer, das wir ins Feld gestellt,
Im Krieg nun gegen Rom gebrauchen willst?

Hermann.
Harrt einen Augenblick, bis Marbod kömmt,
Der wird bestimmteren Befehl euch geben!

Astolf.
Hier leg ich Crassus' Schwert zu Füßen dir!

Hermann *(nimmt es auf).*
Dank, Freund, für jetzt! Die Zeit auch kömmt, das weißt du,
Wo ich dich zu belohnen wissen werde!
(Er gibt es weg.)

Eginhardt.
Doch hier, o Herr, schau her! Das sind die Folgen
Des Kampfs, den Astolf mit den Römern kämpfte:
Ganz Teutoburg siehst du in Schutt und Asche!

Hermann.
Mag sein! Wir bauen uns ein schönres auf.

Ein Cherusker *(tritt auf).*
Marbod, der Fürst der Sueven, naht sich dir!
Du hast geboten, Herr, es dir zu melden.

Hermann.
Auf, Freunde! Laßt uns ihm entgegen eilen!

Letzter Auftritt

Marbod mit Gefolge tritt auf. Hinter ihm, von einer Wache geführt, Aristan, Fürst der Ubier, in Fesseln. Die Vorigen.

Hermann *(beugt ein Knie vor ihm).*
Heil, Marbod, meinem edelmütgen Freund!
Und wenn Germanien meine Stimme hört:
Heil seinem großen Oberherrn und König!

Marbod.
Steh auf, Arminius, wenn ich reden soll!

Hermann.
Nicht ehr, o Herr, als bis du mir gelobt,
Nun den Tribut, der uns entzweite,
Von meinem Kämmrer huldreich anzunehmen!

Marbod.
Steh auf, ich wiederhols! Wenn ich dein König,
So ist mein erst Gebot an dich: steh auf!

(Hermann steht auf.)

Marbod *(beugt ein Knie vor ihm).*
Heil, ruf ich, Hermann, dir, dem Retter von Germanien!
Und wenn es meine Stimme hört:
Heil seinem würdgen Oberherrn und König!
Das Vaterland muß einen Herrscher haben,
Und weil die Krone sonst, zur Zeit der grauen Väter,
Bei deinem Stamme rühmlich war:
Auf deine Scheitel falle sie zurück!

Die suevischen Feldherrn.
Heil, Hermann! Heil dir, König von Germanien!
So ruft der Suev, auf König Marbods Wort!

Fust *(vortretend).*
Heil, ruf auch ich, beim Jupiter!

Gueltar. Und ich!

Wolf *und* **Thuiskomar.**
Heil, König Hermann, alle Deutschen dir!

(Marbod steht auf.)

Hermann *(umarmt ihn).*
Laß diese Sach, beim nächsten Mondlicht, uns,
Wenn die Druiden Wodan opfern,
In der gesamten Fürsten Rat, entscheiden!

Marbod.
Es sei! Man soll im Rat die Stimmen sammeln.
Doch bis dahin, das weigre nicht,
Gebeutst du als Regent und führst das Heer!

Dagobert *und* **Selgar.**
So seis! – Beim Opfer soll die Wahl entscheiden.

Marbod *(indem er einige Schritte zurückweicht).*
Hier übergeb ich, Oberster der Deutschen,
(Er winkt der Wache.)
Den ich in Waffen aufgefangen,
Aristan, Fürsten dir der Ubier!

Hermann *(wendet sich ab).*
Weh mir! Womit muß ich mein Amt beginnen?

Marbod.
Du wirst nach deiner Weisheit hier verfahren.

Hermann *(zu Aristan).*
– Du hattest, du Unseliger, vielleicht
Den Ruf, den ich den deutschen Völkern,
Am Tag der Schlacht erlassen, nicht gelesen?

Aristan *(keck).*
Ich las, mich dünkt, ein Blatt von deiner Hand,
Das für Germanien in den Kampf mich rief!
Jedoch was galt Germanien mir?
Der Fürst bin ich der Ubier,
Beherrscher eines freien Staats,
In Fug und Recht, mich jedem, wer es sei,
Und also auch dem Varus zu verbinden!

Hermann.
Ich weiß, Aristan. Diese Denkart kenn ich.
Du bist imstand und treibst mich in die Enge,
Fragst, wo und wann Germanien gewesen?
Ob in dem Mond? Und zu der Riesen Zeiten?
Und was der Witz sonst an die Hand dir gibt;
Doch jetzo, ich versuchte dich, jetzt wirst du
Mich schnell begreifen, wie ich es gemeint:
Führt ihn hinweg und werft das Haupt ihm nieder!

Aristan *(erblaßt).*
Wie, du Tyrann! Du scheutest dich so wenig –?

Marbod *(halblaut, zu Wolf).*
Die Lektion ist gut.

Wolf. Das sag ich auch.

Fust.
Was gilts, er weiß jetzt, wo Germanien liegt?

Aristan.
Hört mich, ihr Brüder –!

Hermann. Führet ihn hinweg!
Was kann er sagen, das ich nicht schon weiß?

(Aristan wird abgeführt.)

Ihr aber kommt, ihr wackern Söhne Teuts,
Und laßt, im Hain der stillen Eichen,
Wodan für das Geschenk des Siegs uns danken! –
Uns bleibt der Rhein noch schleunig zu ereilen,

Damit vorerst der Römer keiner
Von der Germania heilgem Grund entschlüpfe:
Und dann – nach Rom selbst mutig aufzubrechen!
Wir oder unsre Enkel, meine Brüder!
Denn eh doch, seh ich ein, erschwingt der Kreis der Welt
Vor dieser Mordbrut keine Ruhe,
Als bis das Raubnest ganz zerstört,
Und nichts, als eine schwarze Fahne,
Von seinem öden Trümmerhaufen weht!